MODERN HUMANITIES RESEARCH ASSOCIATION

CRITICAL TEXTS

PHOENIX

VOLUME 2

Editors
THOMAS WYNN
PIERRE FRANTZ

ALEXIS PIRON

L'ANTRE DE TROPHONIUS

ET

LA ROBE DE DISSENTION,

OU

LE FAUX-PRODIGE

Arlequin (Maurice Sand, *Masques et bouffons (comédie italienne)*, 1860.)

ALEXIS PIRON

L'ANTRE DE TROPHONIUS

ET

LA ROBE DE DISSENTION,

OU

LE FAUX-PRODIGE

Édition présentée, établie et annotée par

Derek Connon

MODERN HUMANITIES RESEARCH ASSOCIATION
2011

Published by

The Modern Humanities Research Association,
1 Carlton House Terrace
London SW1Y 5AF

© The Modern Humanities Research Association, 2011

Derek Connon has asserted his right under the Copyright, Designs and Patents Act 1988 to be identified as the author of this work.

Parts of this work may be reproduced as permitted under legal provisions for fair dealing (or fair use) for the purposes of research, private study, criticism, or review, or when a relevant collective licensing agreement is in place. All other reproduction requires the written permission of the copyright holder who may be contacted at rights@mhra.org.uk.

First published 2011

ISBN 978-1-907322-14-3

Copies may be ordered from www.phoenix.mhra.org.uk

Table des Matières

Remerciements………..	7
Introduction………...	9
L'Antre de Trophonius......………..............................	25
La Robe de dissention ou le Faux-Prodige................	69
Bibliographie sélective……………...………….........	143

Remerciements

Je tiens à remercier Dick Andrews, Brian Richardson et Jonathan Smith pour leurs suggestions en ce qui concerne les phrases italiennes, Tom Wynn, qui a consulté le *Mercure*, Nathalie Morello pour ses conseils linguistiques, et Carolyn et Benjamin pour leurs interruptions lors de mon travail.

Introduction

Si Alexis Piron (1689-1773) était connu pendant le dix-neuvième siècle et la plus grande partie du vingtième en tant que l'auteur de *La Métromanie*, on a commencé plus récemment à connaître et à apprécier ses ouvrages créés pour les théâtres non officiels des Foires.[1] C'est à la Foire qu'il fit ses débuts dramatiques en 1722 avec *Arlequin-Deucalion*, et pendant les quatre ans qui suivirent, il écrivit ou collabora à près de vingt pièces pour les théâtres forains.[2] Il fit un bref retour aux théâtres forains en 1734, quand il écrivit lui-même une seule pièce (maintenant perdue) et collabora à trois autres, mais à partir de 1728, date de la création au Théâtre Français de sa première grande comédie *Les Fils ingrats*,[3] c'est surtout à ce théâtre officiel qu'il s'intéressa.[4]

Si la postérité a eu tendance à oublier ses ouvrages dans des genres qualifiés de 'mineurs', c'est un peu la faute de Piron lui-même : il soignait les textes de ses tragédies et de ses grandes comédies, s'intéressant aux éditions et écrivant de longues préfaces pour l'édition collective de 1758 ; il négligea ses ouvrages pour les forains et les Italiens, qui, pour la plupart, ne furent publiés qu'après sa mort, dans la première édition de ses *Œuvres complètes*, éditée par son ami Jean-Antoine Rigoley de Juvigny en 1776.[5] Ce préjugé contre les genres bas, même en ce qui concerne

---

[1] C'est-à-dire la Foire Saint-Germain (février à Pâques) et la Foire Saint-Laurent (juillet à septembre).

[2] Pendant cette même période il écrivit trois pièces pour le Théâtre Italien, dont deux sont des parodies écrites dans la forme typiquement foraine de l'opéra-comique.

[3] Pièce connue à partir de l'édition de 1758 sous le titre *L'École des pères*.

[4] Au sujet du théâtre de Piron, voir Derek Connon, *Identity and Transformation in the Plays of Alexis Piron* (London : Legenda, 2007), et pour une étude plus générale de sa vie et son œuvre, voir Pascale Verèb, *Alexis Piron, poète*, Studies on Voltaire and the Eighteenth Century, 349 (Oxford : Voltaire Foundation, 1997).

[5] *Œuvres complettes d'Alexis Piron*, éd. Rigoley de Juvigny, 7 vol (Paris : Lambert, 1776). Il y a deux exceptions : *La Rose*, interdite pour raison d'obscénité en 1726, fut enfin représentée en 1744, et publiée la même année (Bruxelles : s.n.) ; *Le Caprice*, dans une forme raccourcie, parut sous le titre *Le Mariage du*

ses propres ouvrages, est typique de son époque, et dura jusqu'à la redécouverte de la culture populaire qui eut lieu vers la fin du vingtième siècle.[1]

Il n'en est pas moins vrai que les meilleurs de ses ouvrages forains comptent parmi ses créations les plus intéressantes, et vont interpeller plus directement un public moderne que la plupart de ses productions pour le Théâtre Français. On reconnaîtra une énergie, un esprit d'innovation, et un goût pour le bizarre que l'on ne trouve pas dans la plupart des œuvres pour le théâtre réglé. Cela ne surprendra pas que l'auteur de la fameuse *Ode à Priape* exploitait parfois la liberté des scènes non réglées pour introduire dans ses opéras-comiques des thèmes un peu gaulois : si le lecteur moderne comprendra difficilement l'interdiction de *La Rose* (1726) pour raison d'obscénité, les éléments gaulois de *Tirésias* (1722) et du *Claperman* (1724) sont plus évidents. Mais c'est surtout le célèbre esprit pironien qui caractérise tous ses ouvrages forains.

Le Théâtre Forain

Les Foires avaient longtemps été des lieux de divertissements plus ou moins théâtraux.[2] Aux charlatans qui employaient des techniques théâtrales pour vendre leurs marchandises, s'ajoutaient des sauteurs et des danseurs de corde, des animaux savants et des spectacles de marionnettes. Parfois les troupes d'acrobates ajoutaient des éléments dramatiques à leurs exercices, pour donner au spectacle plus d'unité, mais de telles activités étaient toujours limitées par les privilèges des théâtres officiels, qui défendaient aux autres l'emploi du dialogue, soit en français soit en italien. Néanmoins, la suppression de l'ancien Théâtre Italien en 1697

Caprice et de la Folie, dans *Le Théâtre de la Foire ; ou, L'Opéra comique*, d'Alain René Lesage et Jacques-Philippe d'Orneval, 10 vol. (le dixième volume, désigné « tome IX. II. partie », est de Carolet) (Paris : Étienne Ganeau, Pierre Gandouin, Prault fils, 1721-37), VIII, 184-238.

[1] Voir, par exemple, Robert M. Isherwood, *Farce and Fantasy* (Oxford : Oxford University Press, 1986).

[2] Sur l'histoire des spectacles forains voir [Parfaict frères], *Mémoires pour servir à l'histoire des spectacles de la foire. Par un acteur forain*, 2 vol. (Paris : Briasson, 1743) ; voir aussi Michèle Venard, *La Foire entre en scène* (Paris : Librairie Théâtrale, 1985) et Isabelle Martin, *Le Théâtre de la Foire : des tréteaux aux boulevards*, SVEC, 2002 : 10 (Oxford : Voltaire Foundation, 2002).

INTRODUCTION

ouvrit un champ d'activité fertile aux forains, qui agirent pour occuper la place laissée vacante dans le marché par l'absence des Italiens, en prenant possession de leur répertoire et même de quelques-uns de leurs acteurs. Voilà qui explique la présence dans le répertoire forain des mêmes personnages-types que l'on trouvait dans la *commedia dell'arte*, caractéristique qui continua même après l'arrivée à Paris de la nouvelle troupe italienne en 1716.

Néanmoins, cet effort pour remplacer les Italiens fut vigoureusement contré par les acteurs du Théâtre Français ; l'histoire des débuts du théâtre forain est surtout l'histoire des efforts de la part des troupes pour éviter la suppression de leurs activités dramatiques. Celles-ci essayaient des monologues (car les privilèges étaient pour les pièces en dialogue), des scènes détachées qui n'étaient donc pas des pièces (mais qui se révélaient souvent avoir des liens à la fin de la représentation), des pièces en langues inventées, des pièces en jeu muet. Au cours de ces dernières on sortait parfois de la poche un rouleau sur lequel étaient inscrites des paroles que l'on pouvait montrer au public, ce qui donna l'idée de mettre le dialogue de la pièce sur des écriteaux que l'on descendait des cintres. On faisait chanter ce dialogue au public selon la technique des vaudevilles. Voilà que l'on avait créé la pièce à écriteaux, première manifestation de l'opéra-comique.

Il convient de s'attarder brièvement sur le sujet du vaudeville. Avant d'être adoptée par les forains, cette technique avait déjà été employée par les vendeurs de chansons satiriques qui se rassemblaient sur le Pont Neuf. Au lieu de créer un nouvel air pour chaque chanson, il s'agissait d'écrire de nouvelles paroles pour des airs connus. Plusieurs raisons permettent d'expliquer l'emploi de cette technique : tout d'abord il est possible que le public eût une réaction plus immédiate à des airs familiers qu'à des airs nouveaux. Mais il y a surtout des raisons d'ordre pratique pour les versions imprimées des chansons : l'édition musicale demandait plus de travail et revenait plus cher à l'impression que les paroles ; il est aussi vrai que la plupart de ceux qui voulaient acheter ces chansons n'auraient pas pu lire la musique. Il était donc moins cher et plus pratique de donner l'indication d'un air connu que d'imprimer un air nouveau. Cette indication, que l'on appelait le timbre de l'air, pouvait être soit les premières paroles du texte original, soit une autre phrase célèbre ou un refrain de ce même texte, même un titre quand l'air original n'avait pas de texte. Toutes sortes d'airs avaient été absorbés dans le répertoire des vaudevilles – chansons populaires, airs de danse, extraits d'opéras ou de ballets –, tout ce qui importait était qu'ils fussent bien connus. Parfois, surtout avec les airs à refrain, on gardait dans les nouvelles paroles une phrase du texte original, cherchant souvent des moyens ingénieux pour lui donner un sens nouveau, mais la plupart du temps les nouvelles paroles n'avaient aucun lien avec le texte original.[1]

Pour les forains, c'était évidemment la familiarité des airs qui importait, car si le public devait chanter, il ne pouvait chanter que des airs qu'il connaissait déjà. On doit imaginer que la participation du public à ces représentations, liée au sentiment de participer à quelque chose qui contournait les lois, créait un spectacle vivant et passionnant, mais il n'en est pas moins vrai que ce n'était pas un moyen pratique de présenter des pièces de théâtre. Ce fut donc un événement-clef dans le développement de l'opéra-comique quand, en 1714, l'Académie Royale de Musique, qui avait comme toujours besoin d'argent, vendit aux acteurs de la troupe de Dominique le droit de chanter eux-mêmes. Dès le début de cette période les auteurs ajoutaient de brèves remarques parlées, dont la proportion montait rapidement pour produire le mélange de dialogue parlé et de chant qui devint typique de l'opéra-comique. Cet accord passait parfois de troupe en troupe et parfois même on le retirait, mais le genre de l'opéra-comique fut établi, et devint vite le genre préféré des forains.

Ce ne fut cependant pas la fin des problèmes. En 1718 il y eut suppression totale des théâtres forains, et, après leur réouverture en 1720, on dénonça encore une fois l'accord en 1722. Ce fut cet événement qui motiva la création de la première pièce foraine de Piron, *Arlequin-Deucalion*.

---

[1] Sur l'emploi de la musique aux Foires voir : Derek Connon, « Music in the Parisian Fair theatres : medium or message ? », dans le *Journal for Eighteenth-Century Studies*, 31 (2008), 119-35 ; Philip Robinson, « Les vaudevilles ; un médium théâtral », dans *Dix-huitième siècle*, 28 (1996), 431-47 ; Françoise Rubellin, « Lesage parodiste », dans *Lesage, écrivain (1695-1735)*, éd. Jacques Wagner, Faux Titre, 128 (Amsterdam, Atlanta : Rodopi, 1997), p. 95-123. L'édition des œuvres complètes de Piron de Rigoley ne reproduit pas la musique des vaudevilles. On peut trouver une collection importante des vaudevilles employés par les auteurs forains, y compris la plupart de ceux utilisés par Piron, dans les appendices des volumes de l'anthologie de Lesage et d'Orneval ; un choix de ces vaudevilles en notation moderne se trouve dans Connon et George Evans (éd.), *Anthologie de pièces du « Théâtre de la Foire »*, (Egham : Runnymede, 1996), p. 285-339.

Introduction

Piron et les Foires

En 1722 la troupe de l'acteur Francisque venait d'arriver aux Foires, ce qui explique peut-être pourquoi il fut tellement contrarié par la suppression de l'opéra-comique. D'autres impresarios forains avaient adopté l'expédient de continuer leurs représentations d'opéras-comiques, remplaçant les acteurs vivants par des marionnettes, qui, elles, n'étaient pas touchées par les règlements. Francisque voulait jouer lui-même et eut donc recours à une des anciennes méthodes pour contourner la loi : averti de la réputation croissante de Piron comme auteur, il lui demanda un monologue. La réussite de ce tour de force en trois actes lança la carrière foraine de Piron, et bien qu'il ne fût pas aussi prolifique que Lesage, d'Orneval, Fuzelier ou Pannard, les meilleurs de ses opéras-comiques sont des chefs-d'œuvre du genre.

Si dans son premier ouvrage dans le genre, *L'Antre de Trophonius*, il semble impatient ou même mal à l'aise avec les conventions de la forme, sujet sur lequel nous allons revenir, très vite il les assimile, et devient peut-être le plus habile de tous à jouer avec les vaudevilles, non seulement à adapter le sens des refrains à de nouvelles situations, mais aussi à nous taquiner en interrompant les airs ou en employant certains de leurs fragments. Il faut quand même le dire : il prend beaucoup moins de soin que Lesage et d'Orneval quand il s'agit d'identifier les airs, et l'on trouve non seulement beaucoup d'erreurs dans les timbres, mais aussi des blancs ou des indications comme 'air connu'.[1]

Il adopte aussi toute la gamme de sujets populaires aux Foires, plus variés que ceux que l'on trouvait au Théâtre Français : histoires inspirées par la mythologie ou la littérature classiques ou autres œuvres littéraires, sujets exotiques qui montrent l'influence des *Mille et une nuits*, récemment traduites par Galland, allégories, parodies d'œuvres représentées à l'Académie Royale de Musique ou au Théâtre Français. Et à ces intrigues situées dans des lieux fantastiques, s'en ajoutent d'autres dans des lieux plus familiers :

---

[1] Je n'ai pas corrigé les erreurs dans le texte, et, le plus souvent, il n'a pas semblé nécessaire de les signaler dans les notes. Parfois les blancs indiquent qu'il ne s'agit pas d'un vaudeville mais d'un morceau composé spécifiquement pour le contexte, bien que dans certains de ces cas, comme le font Lesage et d'Orneval, Piron donne le nom du compositeur ; parfois, comme c'est aussi le cas pour l'indication 'air connu', cela indique qu'il croit qu'il reste assez de paroles originales pour qu'on puisse identifier l'air sans avoir besoin de timbre.

Paris, même devant l'Opéra-Comique dans les prologues de *Tirésias* et des *Chimères*, la province dans l'*Enrôlement d'Arlequin*, l'Espagne dans *La Robe de dissention* (pour suivre l'orthographe de l'édition originale), la Hollande dans *Le Claperman*, ou cet endroit hétéroclite dans *L'Antre de Trophonius* qui est près de l'antre, mais aussi apparemment en France.

Il partage aussi la manie des autres auteurs forains de critiquer les théâtres officiels et de défendre les spectacles forains : nous la trouvons non seulement dans les œuvres désignées comme parodies, mais aussi un peu partout dans ses autres opéras-comiques. Dans *Arlequin-Deucalion* il s'attaque même aux autres troupes foraines. Autre caractéristique foraine : quels que soient le lieu ou le temps de la pièce, et malgré les personnages italiens, les personnages typiquement français et les allusions à la France ne sont jamais absents. Et on note ce scrupule intéressant de la part de Piron en ce qui concerne le réalisme : bien qu'il admette des événements fantastiques dans les ouvrages allégoriques ou mythologiques, le surnaturel n'existe pas dans ceux qui sont situés dans le monde moderne, où tous les prodiges sont faux (ce qui n'empêche pas l'apparition de Mercure, personnification du *Mercure galant*, dans *L'Antre de Trophonius*).

L'Antre de Trophonius[1]

Premier opéra-comique et deuxième pièce foraine de Piron, *L'Antre de Trophonius* fut représenté pour la première fois, comme le signale l'avertissement de l'édition de Rigoley, après *Arlequin-Deucalion* pendant la période du Carême. Les autres théâtres étaient fermés et leurs privilèges donc suspendus, ce qui permettait à Piron et Francisque de représenter un opéra-comique avec de vrais acteurs, même à cette époque où l'Académie Royale de Musique avait retiré la permission aux forains de chanter. C'est cette situation qui explique un aspect de la pièce auquel j'ai déjà fait allusion, c'est-à-dire le fait que dans le premier de ses opéras-comiques, Piron n'observe guère la convention principale du genre, à savoir, l'alternance de dialogue parlé et de couplets chantés. On chante pour la première fois dans la sixième des douze scènes,

---

[1] Voir aussi Connon, *Identity and Transformation in the Plays of Alexis Piron*, en particulier p. 168-69.

INTRODUCTION

mais il ne s'agit que d'un seul couplet. Il y en a trois, chantés l'un après l'autre, dans la septième scène, mais si la huitième commence avec un fragment de vaudeville, le reste de la scène est entièrement parlé, et la musique manque également dans la neuvième. Sur deux passages en vers (tous les deux manquant de timbre) dans la dixième scène, il semble que seul le deuxième est censé être chanté ; dans la scène onze, il y a un vers – un seul vers, qui est une citation du refrain du vaudeville final de *Pierrot Romulus* –, qui aurait pu être chanté, bien que cela ne soit pas certain ; dans la douzième et dernière scène on ne chante pas avant le vaudeville final qui termine la pièce. Non seulement c'est très peu de musique pour une pièce qui se décrit comme opéra-comique – surtout dans la première moitié, où il n'y en a pas du tout – mais le fait que la permission achetée par les acteurs de l'Académie Royale de Musique permettait aux acteurs de chanter, et non pas de parler, veut dire qu'une proportion importante de musique était essentielle pour que le spectacle reste légal. C'est donc seulement parce que Piron pouvait profiter de la situation légale moins rigoureuse de la période du Carême, qu'il put se permettre de créer un opéra-comique avec si peu d'opéra.

L'histoire sur laquelle Piron basa sa pièce se trouve dans le neuvième livre de la *Description de la Grèce* de Pausanias :[1] Trophonius et son frère Agamède, qui avaient construit le temple d'Apollon à Delphes, bâtirent pour le roi Hyreus un fort pour renfermer ses trésors. Ils le construisirent de telle façon qu'il y avait une pierre qu'ils pouvaient enlever pour leur permettre d'accéder au trésor. Ainsi volaient-ils peu à peu le roi qui, étonné que son trésor diminuât sans qu'il y eût signe d'infraction, dressa des pièges, et attrapa Agamède. Ayant peur que lui aussi pût être identifié par moyen du corps de son frère, Trophonius lui coupa la tête, et fut englouti par la terre, où il resta pour devenir oracle.[2] Ce fut la Pythie de Delphes qui identifia l'oracle de Trophonius à Lébadée en Béotie. Celui qui veut consulter l'oracle suit pendant

---

[1] 9.37.3-7, 9.39.4-14 et 9.40.1-2.

[2] Ce vol n'est pas présent dans toutes les versions de l'histoire ; selon d'autres, les frères sont morts après la construction du temple d'Apollon après que l'oracle leur a promis qu'ils auraient ce qu'ils désiraient le plus, ou ont été tués par Hyreus qui avait peur qu'ils puissent trahir son secret. Mais, comme nous allons le voir, le thème du vol est important pour l'adaptation de Piron.

quelques jours des rituels compliqués pendant lesquels il boit l'eau du Léthé pour oublier ses pensées profanes, et l'eau de Mnémosine, pour rappeller ce qu'il verra dans l'antre. Enfin, il met ses pieds dans le trou qui mène à l'antre et est attiré à l'intérieur. Quand il ressort, il est mis sur la chaise de Mnémosine et les prêtres lui posent des questions au sujet de tout ce qu'il a vu ou appris. Après, il est rendu, paralysé de peur, à ses parents, mais, à la longue, il se rétablit complètement. Pausanias précise même qu'il va pouvoir encore rire, bien qu'une tradition proverbiale veuille le contraire.

À la différence de *La Robe de dissention*, mais d'une manière qui est typique des opéras-comiques de l'époque, la structure de *L'Antre de Trophonius* est épisodique. C'est l'oracle de Trophonius qui rassemble tous les personnages et qui dénoue l'intrigue en persuadant Agrippain de pardonner Arlequin et de lui rendre Marinette, mais autrement il n'y a pas de lien essentiel entre l'oracle et cette histoire d'amour tout à fait conventionnelle qui est tant soit peu compliquée par le fait qu'Arlequin vole l'argent d'Agrippain. La transformation des voleurs en prêtres de Trophonius a une certaine logique comique, car l'oracle n'est qu'une escroquerie, et donc une autre sorte de vol. Mais il serait plus difficile de justifier le fait que les voleurs, après avoir volé Arlequin et Scaramouche, révèlent leur véritable identité et acceptent dans leur confraternité ceux qu'ils viennent de voler, ou qu'Arlequin et Scaramouche, malgré ce qu'ils ont perdu, acceptent leur nouveau rôle avec enthousiasme. Et il est presque superflu de remarquer que l'unité est encore plus ébranlée par deux autres scènes, la parodie du *Cid* (ix), et l'apparence, dans une pièce qui n'admet pas qu'un oracle puisse être véritable, du personnage allégorique de Mercure (xi), scènes qui adoptent des techniques que l'on ne trouve pas dans le reste de la pièce.

Un autre aspect de la pièce qui est typique des Foires se situe sur de plan de la liberté que l'on peut observer en ce qui concerne la géographie. L'indication du lieu où se passe l'action dit simplement : « La Scène est dans un bois, auprès de l'antre de Trophonius », mais où se trouve cet antre ? En vérité, comme nous l'indique Pausanias, c'était à Lébadée en Boétie, or non seulement Piron ne fournit-il pas d'indications aussi précises, mais les indications du texte semblent suggérer un lieu plus français. On peut supposer qu'avec la « malle fort lourde » qu'ils ont volée, Arlequin et Scaramouche n'ont pas pu fuir très loin de la maison du maître qu'ils ont trahi. Or, le maître, lui, porte le nom Agrippain, qui renvoie au verbe français « agripper », et il tient le rôle de Receveur Général ; il est « borné comme un Beaunois ». De son côté Marinette est Gasconne. Les deux amis ont peur de la Maréchaussée et plus tard de M. le Prévôt ; Arlequin parle de ses rivaux en escroquerie, qui resteraient ses inférieurs même s'ils deviendraient « Maréchaux de France » ; les voleurs plaisantent qu'ils ont reçu leurs ordres des Fermiers Généraux. « La Comédie du jour » est celle que l'on donne à la Comédie-Française ; dès la première scène, Arlequin fait preuve de sa connaissance du *Cid* ; dans la scène avec Mercure, qui représente le *Mercure galant*, il est surtout question du théâtre français contemporain – si Piron ne précise pas l'époque à laquelle l'action a lieu, il est clair que ce n'est pas à l'époque de Pausanias. Il est également tout à fait typique du théâtre forain que, dans ce contexte, Arlequin, Scaramouche et Pierrot, malgré leur habitude de prononcer des phrases en italien, sont tout aussi français que les autres personnages.

Les allusions au théâtre français que nous venons de relever sont typiques du théâtre forain. Le plus souvent, les auteurs d'opéra-comique critiquent les spectacles réglés pour montrer la supériorité de leurs propres productions. Deux aspects de la scène de Mercure sont moins typiques : tout d'abord, dans une pièce donnée pour la première fois dans le même programme qu'*Arlequin-Deucalion*, qui avait déjà connu un certain succès, Piron se venge de ses critiques, en tournant en ridicule leurs commentaires sur ce monologue ; et il continue les plaisanteries qu'il introduisit dans *Arlequin-Deucalion* sur les autres auteurs forains qu'il accuse d'avoir capitulé trop facilement devant les attaques des autres théâtres en abandonnant les acteurs vivants pour employer des marionnettes – ce qui n'empêche pas que Piron lui-même ait écrit les deux opéras-comiques qui suivent pour des marionnettes.

Piron s'inspire le plus directement de l'histoire de l'antre de Trophonius dans les détails qui se rapportent à la tradition oraculaire, et surtout la tradition qui veut qu'après avoir consulté cet oracle, on n'est plus capable de sourire. Mais dans le monde moderne, pour Piron, un tel oracle ne peut pas être authentique, et s'il s'inspire donc de la tradition pour certains détails – surtout la façon d'entrer dans la grotte – il ajoute aussi d'autres détails pour montrer comment la supercherie fonctionne. Beau paradoxe : un oracle qui fut créé par un vol est révélé être, dans la pièce de Piron, lui-même un moyen de voler. Car si la pièce ne contient aucune allusion directe à la légende des deux frères et leur stratagème pour voler Hyreus, il n'en est pas moins vrai que le vol est son thème unificateur. Arlequin a volé l'argent de son patron, et son ami Scaramouche est content de l'aider et de partager les fruits du crime ; ils sont volés eux-mêmes par les deux prêtres de Trophonius, francs voleurs, mais aussi escrocs qui volent plus subtilement au moyen de la supercherie de l'oracle. Bien qu'il soit ici la victime, Agrippain n'est pas innocent, car il est financier, c'est-à-dire, selon les stéréotypes traditionnels du théâtre de l'époque, un voleur lui aussi, et, selon Arlequin, il lui a volé son amante Marinette. Même Mercure est patron des voleurs, bien qu'il soit ici plutôt victime, car on lui a pris son caducée pour en faire le sceptre d'Esculape. Dans ce contexte, même la parodie du *Cid* peut être vue comme une sorte de vol.

À ce thème du vol, Piron en ajoute un autre, celui de l'être et le paraître : Scaramouche, d'une manière qui est typique de ce genre de personnage, se dit héros, mais se révèle lâche ; les prêtres de Trophonius sont des voleurs qui peuvent se transformer sous nos yeux, mais qui sont, même en tant que prêtres, des voleurs d'un autre genre ; Arlequin et Scaramouche peuvent se transformer aussi facilement en prêtres ; ce qui semble être oracle, n'est que pure fraude. Mais quand même, les choses ne sont jamais simples : l'oracle est faux, mais son effet est véritable, car après l'avoir consulté, Agrippain comprend qu'il ne voyait pas le monde comme il fallait, que Marinette est l'amante d'Arlequin, et que, comme le prédit le proverbe, il ne va plus jamais rire. Il y a dans la dernière scène de cette pièce une véritable tristesse qui est assez inattendue dans une comédie de ce genre.

La Robe de dissention ; ou, le faux-prodige[1]

Il convient de remarquer pour commencer que, si sur la page du titre de cette pièce dans l'édition de Rigoley *La Robe de dissention* est donnée comme titre et *Le Faux-Prodige* comme sous-titre, ce dernier est imprimé en caractères plus grands, et est le seul des deux titres à paraître à la tête du texte. Si donc j'ai choisi

---

[1] Voir aussi Connon, *Identity and Transformation in the Plays of Alexis Piron*, en particulier p. 164-65.

d'identifier cette pièce par le premier de ces deux titres, il serait tout aussi justifié d'employer l'autre, que l'on trouvera effectivement dans d'autres sources.

Si j'ai présenté certains thèmes unificateurs dans mon étude de *L'Antre de Trophonius*, il n'en est pas moins vrai que la structure de la pièce reste assez décousue. Bien que cela fasse partie des charmes de l'opéra-comique, soit préjugé, soit simple réalité, ce sont ces opéras-comiques qui montrent plus d'unité, qui sont pour ainsi dire plus classiques, qui pour le lecteur moderne risquent de sembler les plus réussis. Vue dans cette perspective, *La Robe de dissention* est un des meilleurs opéras-comiques de Piron, voire un des meilleurs opéras-comiques tout court. Il n'y a que deux scènes, les deux divertissements à la fin de chaque acte, qui ne contribuent pas directement au déroulement de l'intrigue, et le thème du deuxième de ces divertissements, qui présente des représentants stéréotypés de quatre nations, reste fortement lié au sujet de la pièce. Plaisanterie de Piron dans le cas du premier divertissement, qui ne peut pas être ainsi justifié : quand il fait dire à Arlequin : « Je vais faire tomber des nues un divertissement », en employant la phrase « tomber des nues » Piron ne pense sans doute pas seulement au sujet élémentaire du divertissement.

L'intrigue de cette pièce de 1726 a quelques ressemblances avec celle du *Fâcheux Veuvage* de l'année précédente, dans lequel Arlequin a déjà joué le rôle d'un magicien pour aider son maître français, amoureux d'une jeune femme dans un pays étranger. Dans le cas du *Fâcheux Veuvage* il s'agit de quelqu'un qui peut faire revivre les morts, dans *La Robe de dissention* Arlequin est muni d'une robe toute noire qu'il dit être couverte de broderies qui peuvent êtres vues uniquement par les maris dont les femmes sont fidèles, ou les célibataires dont les sœurs sont chastes. Comme dans *L'Antre de Trophonius*, il s'agit dans les deux cas d'un faux prodige, mais dans le cadre oriental du *Fâcheux Veuvage*, Piron se permet une intrigue à la fois plus extravagante et moins unie que celle de *La Robe de dissention*, qui a lieu dans un pays voisin de la France, c'est-à-dire l'Espagne.[1]

---

[1] Sur *Le Fâcheux Veuvage*, voir mon édition de la pièce (Liverpool : Liverpool Online Series, 2008), http://www.liv.ac.uk/soclas/los/Piron.pdf ; Connon, *Identity and Transformation in the Plays of Alexis Piron*, surtout p. 165-67 ; Isabelle Martin, *Le Théâtre de la Foire : des tréteaux aux boulevards*, surtout p. 241-43.

L'emploi de stéréotypes est typique des Foires, qu'il s'agisse de personnages-types tirés de la société française : financiers (comme nous avons vu dans *L'Antre de Trophonius*), procureurs, petits maîtres, coquettes, médecins, poètes ; ou de stéréotypes nationaux ou régionaux : des Suisses ivrognes, des Turcs jaloux, des Normands bêtes, des Gascons fanfarons. Et comme les Turcs, nous le savons tous, les Espagnols sont jaloux de leurs femmes et de leur honneur. C'est ce lieu commun qui est à la base de la pièce de Piron, mais ce stéréotype national n'est pas le seul que nous trouvons exploité dans cette pièce. Piron utilise aussi le stéréotype social qui contraste la noblesse des personnages de haut rang avec le comportement plus spontané, même plus léger, des domestiques et autres individus de classe basse. Dom Fernand, bien qu'il refuse d'écouter les avis sages de sa sœur, qui essaie de le persuader que le prodige ne peut être que faux, se comporte quand même avec dignité quand il croit avoir découvert que sa sœur n'est pas vertueuse – Piron ne lui donne qu'un seul aparté pour signaler son déplaisir.[1] Par contraste, Piron exploite les réactions ridicules qu'il attribue à Guzman pour créer une des scènes les plus franchement comiques de sa pièce : Guzman peste et se plaint en aparté, tout en essayant de conserver une apparence de calme quand il parle haut, faisant semblant de voir la broderie qui n'existe pas. Et, en plus, pour renforcer l'impression de sa supériorité, il taquine Lazarille qui (pas au courant de la réputation de la robe) dit franchement ne voir que du noir. Guzman n'est peut-être qu'un cocu imaginaire, il reste quand même un exemple-type d'un autre personnage comique traditionnel, à savoir le mari subjugué par sa femme : bien que ce soit lui qui se croit trahi, c'est lui aussi qui est battu par sa femme, et non pas vice versa.

Car on remarque la même différence parmi les femmes : les deux femmes nobles se montrent très calmes face aux nouvelles de la robe, car Elvire flaire tout de suite la supercherie, et Isabelle est trop persuadée de la sagesse de son amant français Léandre pour s'inquiéter. Olivette, par contre, y croit (bien qu'elle change d'avis plus tard), et se trouve très fâchée non pas parce qu'elle a peur d'être découverte, car elle est fidèle à son mari, mais parce qu'elle

---

[1] « Malheureuse Elvire ! ô sœur indigne de moi ! » ; bien qu'il n'y ait pas de didascalie pour indiquer qu'il s'agit d'un aparté, la réplique suivante d'Arlequin : « Dès que vous n'avez point de sœur, & que vous êtes curieux [...] », indique clairement qu'il n'est pas censé l'avoir entendu.

ne veut pas être privée de toute possibilité d'être infidèle à l'avenir ; il s'agit ici du genre de comédie où la tradition veut que les femmes du peuple soient toujours de mœurs plus libres que les femmes nobles, plutôt que d'un genre de comédies plus cyniques où les mauvaises mœurs ne sont pas limitées à une seule classe sociale. Autre stéréotype de la comédie : les femmes, même Olivette à la longue, sont plus intelligentes que les hommes.

Mais il y a une exception : Piron nous montre que l'homme vraiment intelligent est celui qui rejette les superstitions et les miracles, parce qu'il préfère se fier à son propre jugement sur les autres. Alors Dom Pèdre croit à la vertu de sa sœur et de son amante ; il ne se fie pas au stratagème ridicule d'Arlequin. Si on est tenté d'avoir de la sympathie pour Dom Fernand, qui à la fin perd la femme qu'il aime à cause de la supercherie d'Arlequin, on ne doit pas oublier que son amour a été mis à l'épreuve, et qu'il a échoué parce qu'il ne faisait pas confiance entièrement à son amante. La sagesse de Dom Pèdre lui gagne son amante, mais aussi l'admiration des spectateurs. Même dans une pièce qui base son intrigue et sa comédie sur des stéréotypes, le vrai but de Piron est de critiquer les stéréotypes, parce qu'il y a toujours des exceptions.

Réception

Il y a très peu à dire sur ce sujet, car le théâtre forain était plutôt négligé par les critiques contemporains, qui ne le trouvaient pas assez sérieux pour mériter leur attention. Si donc, dans le cas de *La Robe de dissention*, *Le Mercure de France*, qui a l'habitude de donner des comptes rendus détaillés des productions des spectacles réglés, se contente d'annoncer : « Le 7. de ce mois [septembre], l'Opera Comique de la Foire S. Laurent, donna la premiere représentation d'une Piece nouvelle en deux Actes, ornée de divertissemens, de Chantes & de Danses en Vaudevilles, intitulée *La Robbe de Dissension* & d'un troisiéme Acte qui a pour titre, *Olivette, Juge des Enfers* »,[1] *L'Antre de Trophonius* est passé sous silence dans le prédécesseur du *Mercure de France*, *Le Mercure galant*, malgré (ou à cause de ?) la scène satirique qui s'en moque.

Il est aussi rare que les frères Parfaict donnent beaucoup de détails sur les spectacles individuels dans leurs *Mémoires*, et donc, bien qu'ils parlent assez longuement de l'arrivée aux Foires de la

---

[1] *Mercure de France*, septembre 1726.

troupe de Francisque et du succès d'*Arlequin-Deucalion*, ils ne mentionnent que très brièvement *L'Antre de Trophonius* :

> Au commencement de cette année, Francisque revint à Paris, esperant pouvoir obtenir quelque grace en faveur de son spectacle ; mais voyant qu'il la sollicitoit inutilement, & que le tems de la Foire approchoit, il rassembla ce qu'il put de Sauteurs & de Danseurs, & avec leur secours, il ouvrit le 3 Février par un Divertissement intitulée : OURSON ET VALENTIN, précédé des FOURBERIES D'ARLEQUIN. Comme cette Troupe ne pouvoit chanter ni parler qu'en monologue, le public goûta peu ces Piéces : heureusement pour Francisque qui se voyoit réduit aux Scénes de parades ; on lui présenta une Piéce en trois Actes intitulée : DEUCALION, ou ARLEQUIN DEUCALION, dont le sujet parut très-ingénieux, & propre à ce Théatre, où on ne pouvoit faire paroître qu'un seul Acteur à la fois ; cette Piéce étoit de M. *Piron*, Auteur, qui s'est acquis beaucoup de réputation par les ouvrages qu'il a donnés au Théatre François. Il n'avoit alors travaillé que pour celui des Marionnettes, où il fit paroître sous le nom du sieur de *Maison-Neuve* la Parodie de Nitetis ; Tragédie de M. Danchet.
>
> Comme il vit que Mrs. *Fuselier, le Sage & Dorneval*, avoit refusé de travailler pour le sieur Francisque, il hazarda la Piéce dont je parle, & eut tout lieu d'être satisfait de ce premier succès. J'aurai occasion de parler souvent de lui dans la suite de ces Mémoires.
>
> Le *Deucalion* fut representé pour la première fois le 25 Février : pendant le cours de cette Foire, Francisque en donna une seconde du même Auteur, en un Acte, intitulée L'ANTRE DE TROPHONIUS.[1]

Et leur compte rendu de *La Robe de dissention* n'est guère plus développé : « Le 7 Septembre Mr. *Piron* fit paroître deux nouvelles Piéces de sa façon : LA ROBE DE DISSENTION, en deux Actes, suivie d'OLIVETTE, JUGE DES ENFERS, en un Acte ».[2] Remarquons en passant l'erreur dans le premier de ces deux

---

[1] *Mémoires pour servir à l'histoire des spectacles de la foire*, II, 1-3.

[2] *Mémoires pour servir à l'histoire des spectacles de la foire*, II, 37.

extraits : *Arlequin-Deucalion* est la première pièce de Piron – *Colombine-Nitétis* ne fut représentée que l'année suivante, 1723.

Édition

Nous l'avons déjà remarqué : si l'on ne compte pas l'édition raccourcie du *Caprice*, parue dans le *Théâtre de la Foire* de Lesage et d'Orneval, des opéras-comiques de Piron, seule *La Rose* fut éditée de son vivant. Les autres durent attendre l'édition posthume dans les *Œuvres complètes* éditées par Rigoley de Juvigny en 1776. C'est donc cette édition qui nous a servi de texte de base. C'est une édition généralement très nette, et je n'ai corrigé que les coquilles évidentes. Tous les changements éditoriaux sont signalés dans les notes, et les ajouts ou changements sont placés entre crochets. La ponctuation de l'édition de Rigoley peut être parfois excentrique ; je l'ai modifiée uniquement quand le sens était compromis. Pour les mots et phrases entre parenthèses, l'édition hésite sans aucune logique entre les parenthèses ordinaires et les crochets, tout en préférant les crochets. Pour éviter toute confusion avec les crochets éditoriaux, j'ai utilisé systématiquement les parenthèses.

L'ANTRE

DE

TROPHONIUS,

OPÉRA-COMIQUE,

EN UN ACTE.

1722

Avertissement

Cette Pièce fut représentée la dernière semaine de Carême, sur le Théâtre du Sieur Francisque, après *Deucalion*.[1] Alors, tous les Théâtres étant fermés, & le privilége des Comédiens n'ayant plus lieu,[2] tous les Acteurs parloient.

Après mon premier essai théâtral, dans un Monologue, je voulus voir ce que je saurois faire en Dialogue, dans une Pièce d'intrigue telle quelle. Cet essai, comme il y paroît bien, ne me dut coûter, & ne me coûta pas, en effet, plus de temps que ne m'en avoit coûté *Deucalion*.

Le succès, bon-gré mal-gré le Public, ne pouvoit qu'être heureux d'une certaine façon. Il n'y avoit plus de Spectacles que celui-là ; & il ne devoit durer que huit jours.

      Je brillois seul en ces retraites.[3]

La dernière Scène,[4] qui est celle du *Mercure Galant*, fit beaucoup rire. Tous les Auteurs de cette compilation, depuis ce temps jusqu'à celui-ci, ne me l'ont point pardonné. Qui m'eût dit en 1722, que le Roi, en 1755, me gratifieroit, sur cet honorable ouvrage, d'une pension de 2000 livres, dont je jouis depuis sept ou huit ans ?[5]

---

[1] Il s'agit d'*Arlequin-Deucalion*, monologue en trois actes (1722).

[2] Il s'agit du privilége des comédiens-français, qui seuls avaient le droit de représenter des spectacles en dialogue français.

[3] Allusion au vaudeville « Vous brillez seule en ces retraites ».

[4] En fait, l'avant-dernière scène.

[5] Dans sa *Vie d'Alexis Piron* qui ouvre le premier volume de son édition des œuvres de Piron, Rigoley explique : « Il y avoit quarante ans, & plus, que ce Poëte [Piron] étoit célèbre, lorsque le privilége du *Mercure* fut donné à *Boissey*, au mois d'Octobre 1754. Le feu Roi eut la bonté de se ressouvenir du Poëte Bourguignon, & de lui assigner, sur le produit du *Mercure*, une pension annuelle de 1200 livres, pour en jouir du premier Janvier 1753 [*sic* – la logique demande la même date que celle donnée par Piron : 1755]. Cette pension fut portée à 1800 livres, en 1758; & fixée enfin à 2000 livres en 1761 » (*Œuvres complettes d'Alexis Piron*, I, 138-39). Rigoley raconte que, par la suite, le *Mercure* se trouvant avoir des problèmes financiers, Piron suggéra la suppression de sa pension pour l'aider, mais que cette proposition ne fut pas acceptée (p. 139-40).

ALEXIS PIRON

PERSONNAGES.

AGRIPPAIN,[1] Financier.
ARLEQUIN, Caissier d'Agrippain.
MARINETTE, aimée d'Agrippain, Amante d'Arlequin.
PIERROT, Valet de M. Agrippain.
OLIVETTE, Amie de Marinette.
SCARAMOUCHE, Ami d'Arlequin.
Deux VOLEURS, Ministres de Trophonius.
MERCURE GALANT.

La Scène est dans un bois, auprès de l'antre de Trophonius.

---

[1] Le nom suggère l'avarice traditionnelle des financiers de comédie (comparable à « grippe-sous » dans le français moderne).

L'ANTRE

DE

TROPHONIUS

SCÈNE PREMIÈRE

ARLEQUIN, SCARAMOUCHE.

SCARAMOUCHE *jetant bas de dessus ses épaules une malle fort lourde.*

Ma foi, je l'ai portée aussi long-temps que toi, pour le moins ! C'est à ton tour à la remettre sur tes épaules, si tu veux. Ah ! le maudit métier que celui de cheval, mon ami ! J'aimerois autant être Auteur toute ma vie ; ou rester Comédien.[1]

ARLEQUIN.

O che nazzo brutto ![2]

---

[1] Comme il n'y a rien dans l'intrigue de la pièce qui suggère que Scaramouche est comédien, il semble plutôt qu'il s'agit d'une allusion métathéâtrale.

[2] Phrase problématique, car le mot « nazzo » n'existe pas en italien. Le contexte suggère que l'expression devrait signifier « Oh ! quel mauvais cheval ! » ; Brian Richardson m'a suggéré que la phrase la plus proche ayant ce sens serait « O che rozza brutta ! » ; est-ce possible que, confronté à cette phrase étrangère, Rigoley ait mal lu le manuscrit de Piron ? Autre possibilité : Dick Andrews m'a proposé qu'il pourrait s'agir d'une orthographie fautive de « O che naso brutto ! », insulte plus gratuite, qui s'expliquerait plus facilement si Scaramouche était un de ces masques à grand nez. Mélange de *miles gloriosus* et de deuxième zanni, il descend directement des capitans et matamores de la comédie italienne ; si ces personnages portaient un masque, c'était toujours un masque au nez très grand, mais ils jouaient le plus souvent à visage découvert (voir Norbert Jonard, *La Commedia dell'arte* (Lyon : Hermès, 1982), p. 59 ; Paul C. Castagno, *The Early Commedia Dell'Arte, 1550-1621 : The Mannerist Context* (New York : Peter Lang, 1994), p. 102). Sur les gravures de Jacques Callot, les personnages de ce genre, y compris un Scaramucia, portent de tels masques, mais le premier Scaramouche du théâtre italien en France, Tibor Fiorilli, imité par ses successeurs Giralomo Cei et Giuseppe Tortoriti, jouait sans masque (Pierre Louis Ducharte, *La Comédie Italienne* (Paris : Librairie de France, 1924), p. 245-53 ; Virginia Scott, *The Commedia dell'Arte in Paris, 1644-1697* (Charlottesville : University Press of Virginia, 1990), p. 33). Les frontispices du *Théâtre de la Foire* nous montrent

ALEXIS PIRON

SCARAMOUCHE.

Nazzo brutto, tant qu'il te plaira ! Acheve de la transporter comme tu voudras. Pour moi je n'en peux plus.

ARLEQUIN.

Tu renoncerois à ta part de ces cinq mille pistoles ! Lâche ! encore un peu de courage ; rends-toi le digne ami du Caissier de M. Agrippain, le Receveur général. Il n'aura pas manqué, me voyant disparu avec cet argent, de mettre des Braves en bandouillère,[1] à mes trousses. Ayons du cœur. Disputons l'honneur du pas à ces Messieurs.

SCARAMOUCHE.

Tu as bonne grâce de me dire : ayons du cœur ; à moi qui suis tout cœur de pied en cap ![2] quand tu n'es qu'un poltron qui as peur de ton ombre, ici même où nous n'en faisons point, & où l'épaisseur de la forêt nous rend invisibles.

ARLEQUIN.

Tu as raison ; prenons ici un peu le frais, & pondons un moment sur nos œufs. (*Ils s'asseient tous deux sur la malle.*) Le bel endroit ! Ah, ma chère Marinette ! Si je te tenois ici ! La belle solitude ! Elle inspire l'envie de faire des vers ; j'y composerois une Élégie.

---

qu'il en était de même aux théâtres forains ; on le voit le plus clairement dans le cas du *Temple de l'ennuy* (1716), mais voir aussi *Les Funérailles de la Foire* (1718) et *Le Rappel de la Foire à la vie* (1721) (Alain René Lesage et Jacques-Philippe d'Orneval, *Le Théâtre de la Foire ; ou, l'opéra comique*). Duchartre donne deux illustrations du théâtre forain, dont la première montre un danseur de corde en costume de Scaramouche, et la deuxième porte le titre 'Scaramouche-Diogene sur les tréteaux de la Foire (XVIIIe siècle)', bien que le costume dans cette dernière comprenne des décorations qui ne sont pas typiques du personnage ; ni l'un ni l'autre ne porte le masque (*La Comédie Italienne*, p. 99, 103).

[1] Bandoulière : baudrier qui sert à porter soit une arme à feu soit des charges de poudre ; il s'agit donc d'une troupe d'hommes armés, c'est-à-dire la maréchaussée mentionnée par Arlequin ci-dessous.

[2] Comme nous le verrons, Scaramouche est, selon la tradition, le type du fanfaron lâche.

L'Antre de Trophonius

SCARAMOUCHE.

Es-tu fou avec ton Élégie ! Fais plutôt notre Épitaphe, pour l'avoir toute prête sur nous, au cas qu'on nous attrape.

ARLEQUIN.

Tu vas être servi. Oh je suis heureux en impromptus, moi !
    Ici gît Arlequin, ici gît Scaramouche.

(*Il rêve un peu de temps.*)
Fais le second vers. Je ne fais jamais bien que le premier.

SCARAMOUCHE.

Oui-dà ; aussi-bien j'y rectifierai les termes, & réglerai mieux les rangs.
    Ici pend Scaramouche, ici pend Arlequin.

A toi la balle ! Fais le troisième ; je ne sais pas rimer.

ARLEQUIN.

    Le premier un grand fourbe,

SCARAMOUCHE.

              Et l'autre un grand coquin.

ARLEQUIN.

Et tu dis que tu ne sais pas rimer ?

SCARAMOUCHE.

Non. Mais cela est venu tout seul. Achève ; il reste la rime à Scaramouche.

ARLEQUIN.

La rime est toute trouvée sur l'affiche de la Comédie[1] du jour : je l'aurai bientôt fait venir.

---

[1] On jouoit alors aux Comédiens-François *Cartouche*. (Note de la première édition.) *Cartouche ; ou, les voleurs*, comédie en trois actes de Marc Antoine Legrand, représenté pour la première fois et publié en 1721 et toujours à l'affiche en 1722, basé sur la vie du célèbre bandit exécuté en novembre 1721.

Alexis Piron

SCARAMOUCHE.

Laisse-là tes vers, & songe plutôt à ceux que ton Receveur Général, à cette heure, chante à ta louange.

ARLEQUIN.

Je conçois aisément qu'il a quelque peine à me pardonner, & de voir qu'en moi
>Ses pareils, à deux fois, ne se font pas connoître,
>Et, pour leur coup d'essai, veulent des coups de maître.[1]

Son intention n'étoit pas, sans doute, que, sur son exemple, je fisse de si grands progrès dans sa profession ;[2] cela lui fait honneur en quelque sorte ; mais les gens de la sienne aiment un peu moins l'honneur que le profit ; & le profit ici pour lui, n'est pas grand.

SCARAMOUCHE.

Non, certes : & pour le bien qu'on leur veut, on souhaiteroit qu'ils n'en fissent jamais d'autres.

ARLEQUIN.

Après tout, il faut bien faire une fin. Je perdois, depuis quelques mois, ma jolie jeunesse à travailler pour le compte d'autrui : j'ai cru qu'il étoit temps de commencer à travailler pour le mien ; &, comme une ancienne connoissance, j'ai bien voulu te mettre de moitié dans l'entreprise.

SCARAMOUCHE.

Rin gracio a vostra Signoria.[3] Aussi je te jure de t'être attaché du jour de notre association, jusqu'à celui qu'il faudra mettre l'Épitaphe en place.

ARLEQUIN.

Te le dirai-je ? Il est entré un peu de foiblesse dans mon ambition. J'aime Marinette, & j'en suis adoré. Ce vieux ladre d'Agrippain ne

---

[1] Citation approximative de deux vers célèbres du *Cid* (II, ii) : « Mes pareils à deux fois ne se font point connoître, / Et pour leurs coups d'essai veulent des coups de maître ». On va trouver une longue parodie de cette même pièce à la scène ix.

[2] Allusion à la tradition comique selon laquelle tous les financiers sont voleurs.

[3] Plus proprement « Ringrazio » – « Merci à votre seigneurie ».

me l'avoit-il pas soufflée. La Friponne n'est guères mieux en sentimens qu'en argent. Elle faisoit avec moi la Coquette : elle a fait la Prude avec lui. Il s'est piqué au jeu, au point de lui parler de mariage. L'effrontée fait encore un peu la difficile, & tranche avec moi de l'Amante infortunée, que la misère peut forcer bientôt à devenir grande Dame. Bref. Voyant que j'allois perdre ma Maîtresse ; dans ma rage, j'ai tiré du moins cette épingle du jeu. Tu en aurois fait autant.

SCARAMOUCHE.

Et moi, & bien d'autres. Autant de pris sur l'ennemi. Je te donne mes Lettres d'absolution.

ARLEQUIN.

Grand'merci. Je les montrerai à la Maréchaussée, si le cas y échet.

SCARAMOUCHE.

Fais-en un meilleur usage. Dès aujourd'hui commence à jouir à gogo de la bonne fortune.

ARLEQUIN.

Je n'ai pas attendu tes avis pour cela : j'en jouis si bien déjà, que je me sens tout autre que je n'étois. Oui ; me voilà grand Seigneur. Cinquante mille livres en poche ! Va fouiller tous nos Aigrefins à talons rouges,[1] qui courent de Joailliers en Joailliers, pour les voler en les affrontant, & leur trouve seulement quelques pistoles dans la leur ; je t'en défie. Ce ne seroit, dans nos troupes, que des Officiers réformés à la queue de mon régiment ; dussent-ils un jour devenir Maréchaux de France à cotillon.[2]

SCARAMOUCHE.

Comme les richesses corrompent les mœurs ! Comme te voilà, de modeste que tu étois, devenu insolent !

---

[1] Les talons rouges étaient à la mode à la cour de Louis XIV, et étaient donc un signe de noblesse. Il s'agit de ces nobles qui, malgré leur apparence, obtenaient des marchandises de luxe sans avoir l'argent pour payer leurs fournisseurs.

[2] La cotte d'armes fut portée par les chevaliers par-dessus leurs cuirasses, mais le diminutif « cotillon » se rapporte normalement seulement à un vêtement de femme.

Alexis Piron

ARLEQUIN.

Je n'étois point modeste ; quelqu'un l'est-il ? J'étois honteux & timide, comme un pauvre Diable qui n'avoit pas de quoi être orgueilleux. Mais qu'on s'y frotte à présent. Je me sens crû d'un pied ; je marcherai des hanches & des épaules : j'aurai le front haut ; le regard fier ; je déprimerai tout ce qu'on admirera ; je serai affirmatif, dur, capricieux ; sûr, avec ces mauvaises qualités, d'être aussi recherché que j'étois fui dans mon indigence.

SCARAMOUCHE.

Tu parles comme si tu avois en rente, ce que tu as en fonds.

ARLEQUIN.

L'un viendra bientôt après l'autre. En un mot, je ne fus jusqu'ici qu'un Faquin perdu dans la foule des gens de ton espèce ; il me falloit ce tour de passe-passe pour entrer dans le monde & pouvoir figurer parmi les honnêtes gens du jour.

SCARAMOUCHE.

Marinette demeure donc pour les gages à Monsieur Agrippain ?

ARLEQUIN.

Ce n'est pas trop mon intention. Nous verrons si elle est honnête fille. Il est vrai que je l'aime encore mieux qu'une autre, tout nouveau riche que je sois : il est encore vrai, & je m'en fie à ma jolie figure, que tout misérable que j'étois, elle m'aimoit plus qu'un homme de soixante-quinze ans. Mais enfin, comme je te l'ai dit, elle m'a fait entendre qu'elle étoit prête à l'épouser, espérant s'en défaire en quinze ou vingt nuits de caresses, & m'honorer après de sa main. Ma délicatesse ne goûte pas un pareil arrangement.[1] A la première poste, je lui mande notre heureux état, & de me venir trouver en tel ou tel endroit, où je continuerai ma nouvelle profession. Si elle a de l'ame, & qu'elle aime la gloire, elle viendra & sera la bien-venue : sinon, qu'elle devienne veuve quand elle voudra, j'aurai pris mon parti en grand Capitaine, & nous ne nous serons plus rien. Qu'as-tu à dire à cela ?

---

[1] Malgré sa délicatesse ici, dans *Le Fâcheux Veuvage* (1725), Arlequin adopte lui-même la même façon de s'enrichir, sans savoir qu'il est dans un pays où il sera enterré avec son épouse morte.

L'Antre de Trophonius

SCARAMOUCHE *bâille.*

Que c'est-là parler & penser en vrai Philosophe. Mais ce que j'ai de plus pressé à te dire, c'est que je me sens accablé de sommeil. Laisse-moi dormir un somme.

ARLEQUIN.

Tu choisis bien ton temps & la place ! Sommes-nous donc ici, à ton avis, bien en sûreté ? Il me semble, si j'étois un Voleur, que ce seroit ici mon vrai repaire. Crois-moi, décampons-en. Il faut éviter, tant qu'on peut, mauvaise compagnie.

SCARAMOUCHE.

Songes-tu que tu es en la mienne ? On n'auroit qu'à y venir. (*Il tire son épée, se met en garde, bretaille d'estoc & de taille.*)[1] Fussent-ils dix, vingt, cent !

ARLEQUIN.

Il n'en faut que trois ou quatre, & qu'en ce moment viennent à passer des gens de Justice, qui ayent la bonté de vouloir mettre le holà, & de nous envoyer aux Arrêts : tu m'entends bien ?

SCARAMOUCHE.

En ce cas, l'intérêt commun réuniroit nos forces ; &....

ARLEQUIN.

Tiens, voici déjà deux Drôles, le pistolet à la main. (*Scaramouche s'enfuit.*)

SCÈNE II.

DEUX VOLEURS, ARLEQUIN *sans se lever de dessus la malle, qu'il tâche de cacher avec ses habits.*

Premier VOLEUR.

La bourse.

---

[1] « Il brandit son épée » ; on dit « frapper d'estoc et de taille », où l'estoc est la pointe, et la taille le tranchant de l'épée. « Bretailler », qui n'est pas dans les dictionnaires et pourrait donc bien être une invention de Piron, vient de « brette », mot désignant une longue épée, qui n'est employé la plupart du temps qu'en plaisantant (voir « bretteur »).

ALEXIS PIRON

ARLEQUIN.

Êtes-vous Procureur ?[1]

Second VOLEUR.

Ou la vie.

ARLEQUIN.

Êtes-vous Médecin, vous ?[2]

Premier VOLEUR.

Ah ! vous aimez à rire ! Tant mieux. Et nous aussi. Or, il y a plus à rire ici pour nous que pour vous. Sérieusement parlant, & une bonne fois pour toutes ; la bourse ou la vie.

ARLEQUIN.

Messieurs, prenez que je n'aie rien dit. Tout le monde s'y seroit trompé comme moi. Je vous crois à cette heure de fort honnêtes-gens. Ayez, avant toute familiarité, la courtoisie de vous désigner.

Second VOLEUR.

Il y va de notre honneur. Nous sommes des Notables d'une République ambulante, comme vous diriez celle des Arabes, existante à travers champs, sous les loix de l'âge d'or. Nous campons actuellement dans cette forêt, où, pour quelques besoins pressans de l'État, on a mis un impôt sur les Passans, & l'on nous a fait, mon Camarade & moi, Collecteurs des Tailles.

ARLEQUIN.

Messieurs, comme Gentilhomme, je ne suis pas taillable ; sachez votre métier.

Premier VOLEUR.

Mon Gentil & très-Gentilhomme, sachez vous-même à qui vous parlez. N'oubliez pas sitôt que nous sommes, comme je viens de vous le dire, des espèces d'Arabes, vivans sous la loi d'innocence. Noblesse & roture chez nous, sont synonymes. Le Dictionnaire de notre Académie vous instruira de cela en temps & lieu. L'inégalité

---

[1] Dans la comédie, les procureurs partagent avec les financiers la réputation d'être voleurs.

[2] Allusion à la tradition comique selon laquelle les médecins tuent toujours leurs patients.

n'introduiroit parmi nous que la corruption des mœurs.[1] Il n'y a qu'un bon mot qui serve : Noble ou vilain, (*tendant le pistolet*) payez.

ARLEQUIN.

Mais encore ; voyons votre rôle : à quoi suis-je taxé ?

Second VOLEUR.

A tout ce que vous portez.

ARLEQUIN.

Ah ! Messieurs ! bien à votre service : fouillez-moi.

Premier VOLEUR, (*après l'avoir fouillé.*)

Vous n'avez pas le sou.

ARLEQUIN.

Adieu vos droits. Vous voilà aussi avancés que le Roi.

Premier VOLEUR.

Tout n'est pas encore perdu pour nous. Nous savons assez notre métier, pour ne pas ignorer que, faute d'argent, nous devons emporter les meubles. Ainsi nous l'ont ordonné nos Seigneurs les Fermiers Généraux. Nous vous avions taxé à tout ce que vous portiez ; vous êtes maintenant taxé à tout ce qui vous porte. Prenez la peine de vous lever, notre brave Gentilhomme. (*Ils le soulèvent & emportent la malle.*)

ARLEQUIN *crie.*

Sca.... Sca....

Second VOLEUR *le couchant en joue.*

Cher Ami, criez plus bas, ou je vous tire.

ARLEQUIN *baissant de ton de plus en plus.*

Sca.... Scar.... Scara.... Scaram. Scaramouche ! Ajuto ?[2]

---

[1] L'ironie de ces paroles dans la bouche d'un voleur est évidente.

[2] « Aiuto » – « au secours ».

SCÈNE III.

ARLEQUIN *seul.*

Me voilà joli garçon ! J'ai fait une belle journée ! En cinq ou six heures de temps, j'ai été une fois riche, & deux fois gueux : par-dessus le marché, j'ai mérité la corde ;[1] & je l'ai au cou, si M. le Prévôt[2] & moi, comme cela se peut fort bien, nous nous rencontrons ici avant la nuit. Je crois déjà me voir en l'air, brandiller au gré des vents, à une de ces branches d'arbres. Que ne donnerois-je pas, (s'il me restoit quelque chose à donner) pour être encore assis tranquillement à mon bureau d'apprenti ? Faites-vous sages, Messieurs les Commis, mes confrères ; & ne vous pressez pas, comme j'ai fait, de faire des coups-d'essai, qui valent des coups de maître ! Avec un peu de patience, vous aurez carrosse, où je n'aurai, tout au plus, qu'une charrette.[3] Chien de voleur que je suis ! (*Se retournant vers la Cantonade.*) Doubles chiens de voleurs que vous êtes.... Ah ! que vous me faites bien voir la vérité du proverbe, qui dit : qu'on ne gagne rien à changer de maître. Mais j'espère que vous trouverez un jour les vôtres, Coquins ! La Justice, la Justice, un jour vous montrera à qui parler. Je serai consolé d'être pendu, pourvu que ce soit avec vous.

SCÈNE IV.

SCARAMOUCHE, ARLEQUIN.

SCARAMOUCHE *l'épée à la main.*

Où sont-ils, les Sorciers ? Où sont-ils ? A moi, Canaille ! A moi !

ARLEQUIN *lui donnant des coups de batte.*[4]

Me voilà ! me voilà ! Patience : ne crie pas si fort, de peur qu'ils ne t'entendent ! Ils ne sont pas encore loin.

---

[1] C'était le supplice ordinaire pour un homme du peuple voleur.

[2] C'est-à-dire « le juge ».

[3] La charrette qui va le porter au supplice.

[4] L'arme traditionnelle d'Arlequin : sorte d'épée en bois avec un deuxième morceau de bois attaché au moyen d'une charnière en cuir, et qui claquait quand Arlequin frappait quelqu'un.

L'Antre de Trophonius

SCARAMOUCHE.

Tu devois bien les amuser un peu, & les retenir un moment.

ARLEQUIN.

J'ai fait ce que j'ai pu : chacun a ses affaires. Quand ils ont eu la malle, ils ne se sont plus souciés de m'écouter.

SCARAMOUCHE.

Ils emportent la malle !

ARLEQUIN.

Ils n'étoient venus que pour cela.

SCARAMOUCHE.

Les Pendards, fussent-ils dedans, & que ce fût le Diable qui les emportât !

ARLEQUIN.

Ah ! le brave Champion ! (*Il répète ce que lui a dit l'autre.*) « Songes-tu que tu es en ma compagnie ? On n'auroit qu'à y venir. » Fussent-ils dix, vingt, cent ! » Ils ne sont que deux ; & tu t'enfuis !

SCARAMOUCHE.

Je m'enfuis ! Ménagez les termes, Monsieur Arlequin ; je ne m'enfuyois point : mon épée tenoit comme tous les diables au foureau ; & je me tirois à l'écart, pour l'en arracher.

ARLEQUIN.

Et tu venois, il n'y avoit qu'un moment, de la dégaîner si bien contre les arbres !

SCARAMOUCHE.

N'ai-je pas dit aussi tout-à-l'heure en reparoissant : où sont-ils les Sorciers ? Ils l'avoient charmée. Ces Drôles-là, vois-tu, ont des secrets du diable. J'en ai vu un, sur qui une brigade d'Archers, le fusil bien chargé, ne put jamais faire feu.

ARLEQUIN.

Laisse-là tes contes ; & ne songeons qu'à notre infortune. Nous n'avons plus rien à perdre, à la vérité ; mais nous avons tout à craindre.

ALEXIS PIRON

SCARAMOUCHE.

Tout ; oh que non ! Nous n'avons plus à craindre les Voleurs, par exemple.

ARLEQUIN.

Encore une mauvaise plaisanterie, à un ventre à jeun ? Trouve-nous donc au fond de cette forêt, comme on en trouve à la ville, quelque gros butor de Voleur titré, qui, pour cette monnoie, veuille bien être notre aubergiste, & nous donner place à sa table.

SCARAMOUCHE.

Tu me fais prendre, à la fin, mon sérieux. Il n'est que trop vrai ; je sens, comme toi, la soif & la faim qui m'ôtent l'envie de rire.

ARLEQUIN.

Je meurs de l'une & de l'autre !

SCARAMOUCHE.

Et moi, de toutes les deux.

ARLEQUIN.

Eh bien, mon ami ; rions donc à cette heure ! Où boire & manger ? Voici la nuit. La peur me talone ; mes entrailles crient : je ne vois ici pain ni pinte ; & je crois voir, autour de nous, autant d'Archers que de feuilles d'arbres qui remuent[.][1] (*Tous deux se mettent à se lamenter comiquement.*)

SCÈNE V.

DEUX PRÊTRES DE TROPHONIUS, (*avec de hauts bonnets pointus, des robes & de longues barbes.*) ARLEQUIN & SCARAMOUCHE.

Premier PRÊTRE.

Qu'est-ce donc, Enfans ? Qu'y a-t-il ? Que vous a-t-on fait ? D'où vient cette désolation ?

---

[1] Rigoley : « remuent [*Tous* ».

L'Antre de Trophonius

ARLEQUIN.

Hélas, mes Vénérables Messieurs, secourez-nous ! Vous voyez deux honnêtes Voyageurs, que des Frippons de votre voisinage viennent de réduire à la mendicité, & qui ne savent où donner de la tête !

Second PRÊTRE au premier.

Vous verrez que c'est ce camp volant de Bohémiens, qui, depuis un temps, rode ici autour.

SCARAMOUCHE.

Vous y êtes, mon Père ! Oui, un camp volant, & très-volant[.][1]

Premier PRÊTRE.

Venez, mes Amis. Vous ne pouviez tomber en meilleures mains. Nous sommes les deux Prêtres du divin Trophonius, dont l'Antre fameux est à deux pas d'ici.

ARLEQUIN.

Cet Antre dont on m'a fait peur si souvent ?

Second PRÊTRE.

Oui, mon Fils ; d'où l'on dit qu'un homme est sorti, quand il est toujours triste & mélancolique. Parce qu'en effet, il s'y voit de si effroyables prodiges, que quiconque y est une fois entré, ne rit plus de sa vie, après qu'il en est sorti.

ARLEQUIN.

Ma foi j'en suis sorti avant que d'y entrer ; car je ne crois pas avoir envie de rire de sitôt.

Premier PRÊTRE.

Patience, pauvre homme ! Conte-nous ton aventure. Dis-nous comment étoient faits ceux qui t'ont volé. Les reconnoîtrois-tu, si on te les montroit ? Que t'ont-ils dit ?

SCARAMOUCHE.

Qu'ils étoient Collecteurs d'une taille....

---

[1] Rigoley : « très-volant/Premier ».

ALEXIS PIRON

ARLEQUIN.

Veux-tu te taire ? Il t'appartient bien de conter cela, toi, qui étois alors à dégaîner à cent pas de-là. Qu'ils étoient Collecteurs d'une taille imposée sur les Passans par une République errante. J'ai demandé à voir le rôle, & la somme à laquelle j'étois taxé. Ils m'ont dit que c'étoit à cent pistoles ; & m'en ont emporté cinq mille. J'ai crié à la vexation : ils m'ont promis quittance pour quarante ans.

SCARAMOUCHE.

Tu as menti ! Je n'ai pas entendu un mot de tout cela ; & j'entendois tout : car tenez, Messieurs, je n'étois qu'à cinq ou six pas de lui, derrière ce gros chêne-là.

(*Les deux Prêtres éclatent de rire.*)

Second PRÊTRE *à Scaramouche.*

A qui le dites-vous ? Comme si nous ne vous y avions pas vu tout le temps qu'a duré la scène.

ARLEQUIN *les ayant considérés de près.*

Mais, Messieurs les Prêtres du divin Trophonius, si ce n'étoit que de si longues barbes ne sauroient être crûes en un demi-quart-d'heure, je croirois que vous êtes les deux Collecteurs dont nous vous parlons.

Premier PRÊTRE.

On a de ces longues barbes, en aussi peu de temps qu'on est razé ; &, tiens, pour le prouver, (*Il ôte sa barbe, & la lui met.*) tu l'as ; & je n'en ai plus.

ARLEQUIN *se carrant,*[1] *& se passant gravement la main sur la barbe.*

Ah ! Monsieur ! vous me faites trop d'honneur !

Second PRÊTRE.

Tu l'as dit ; c'est nous-mêmes qui t'avons dévalisé. Nous venions d'entendre l'entretien moral que vous aviez ensemble, & qui nous

---

[1] « Se carrer » ou « se quarrer » – « marcher les mains sur les hanches d'un air fier ».

avoit mis au fait sur la solidité de votre malle & de vos talens. Nous nous sommes fait un point d'honneur d'exercer notre savoir faire sur de si grands Maîtres ; & vous avez vu comme la chose s'est bien passée.

ARLEQUIN.

Oh oui, des mieux vu ; j'avois la bonne place au spectacle : j'occupois la première loge.

Premier PRÊTRE.

Nous nous sommes d'abord emparés du premier magot ; & nous venons pour tâcher de gagner les deux autres, & voir s'ils voudroient entrer au service du divin Trophonius.

ARLEQUIN.

Oui-dà ! Je me sens de la vocation pour le ministère.

Premier PRÊTRE.

Sortant de chez un Financier, tu sors de bonne école.

SCARAMOUCHE.

Voilà qui est bien, pour officier comme nous vous avons vu faire ; mais ces oracles si célèbres que vous rendez, c'est une autre manœuvre que nous ignorons : dites-nous donc votre secret.

Second PRÊTRE.

Vous en allez savoir autant que nous. L'habit ici fait le Ministre.[1] Voyons d'abord comme ceux-ci vous iront. (*Ils mettent leurs bonnets, leurs barbes à Scaramouche & à Arlequin.*) Allongez vos mines ; soyez graves, & tenez les yeux baissés. Fort bien.

ARLEQUIN.

Après, qu'est-ce qu'on fait ? Qu'arrive-t-il ?

Premier PRÊTRE.

Voici la farce. L'antre est à fond de cuve & très-profond. Tu vas le voir. Nous appercevons de loin venir nos dupes ; nous descendons. La personne y jette une riche offrande ; on s'en saisit. Ensuite le Pélerin fait sa requête à haute voix. Selon ce qu'il demande, on tapisse la caverne de figures analogiques, & toujours de mauvais

---

[1] Adaptation comique de l'expression proverbiale, « L'habit ne fait pas le moine ».

présage. Ces vilains grotesques sont éclairés d'une lampe encore plus lugubre ; & la caverne est enfumée d'herbes soporatives. Tout cela est prêt en un moment. Le Suppliant s'assied sur le bord, les jambes pendantes. On vous le tire imperceptiblement, & si doucement, qu'outre qu'il croit avoir affaire à l'esprit du divin Trophonius, il a le temps de se frapper l'imagination des horribles images qui s'offrent à ses yeux. Parvenu au fond de l'antre où nous ne sommes plus, la fumigation opère : il s'endort, fait des rêves conséquens à ce qu'il vient de voir ; s'éveille effrayé ; crie au secours : nous nous présentons charitablement, le poussons dehors, & disparoissons, avant qu'il ait eu le temps de se reconnoître. Il s'en retourne si troublé, qu'en nous laissant un fou rire, il emporte un sérieux morne qui dure autant que sa vie. Les offrandes sont notre revenu fixe : les contributions sur les Passans, c'est notre casuel. Voilà tout le mystère.

ARLEQUIN.

Et nous voilà initiés. Laissez-nous faire.

Premier PRÊTRE.

Savez-vous faire des mines, des grimaces ?

SCARAMOUCHE.

Pourquoi cela ?

Second PRÊTRE.

C'est que pendant que nos bonnes-gens commencent à s'assoupir, nous passons la tête par des trous, & leur en faisons des plus bizarres, dont l'impression, durant leur sommeil, les achève de peindre.

ARLEQUIN.

Ah ! pour cet article là, vous avez trouvé vos gens ; vous ne pouviez mieux vous adresser. Tenez. (*Arlequin & Scaramouche font toutes les mines & les contorsions dont ils s'avisent, & à choisir.*)

Premier PRÊTRE.

A miracle ! Vous serez deux de nos gros bonnets.

SCARAMOUCHE.

Et des oracles donc ! ne sommes-nous pas faits pour nous mêler d'en dire comme les autres ? Je m'en réjouissois.

L'Antre de Trophonius

Second PRÊTRE.

Il ne tiendra qu'à vous, selon que vous vous sentirez en verve, & que le cœur vous en dira. Du reste, on s'en passe souvent, & la cérémonie finit sans cela. Les Personnes, à leur réveil, reçoivent pour tels, les inductions fantastiques qu'ils ne manquent pas de tirer des objets étranges qui les ont frappés, & des songes tristes qu'ils ont eus en conséquence. Rentrons ; je vois un oison qui vient se faire brider. Allons, débutez.

ARLEQUIN.

Eh ! morbleu ! il est bon là. Mon étrenne, Messieurs, vous portera bonheur. (*à Scaramouche.*) Ami, c'est notre cher M. Agrippain, qui, sans doute, vient consulter l'Oracle, ou sur son mariage, ou sur nos cinquante mille livres. Retire-toi ; laisse-moi profiter de ma mascarade. Je suis ravi de lui faire la révérence, & de recevoir ses respects. (*Scaramouche sort.*)

SCÈNE VI.

M. AGRIPPAIN, PIERROT, ARLEQUIN.

(*Il se passe une Scène muette & comique entre ces trois Personnages. Agrippain & Pierrot, pleins de vénération, sont presque prosternés devant le faux Prêtre, qui leur donne majestueusement des coups de batte, fait une culbute, & disparoît.*[)][1]

PIERROT, *se frottant les épaules.*

Quelles chiennes de cérémonies sont-ce là ?

AGRIPPAIN.

Parle sagement. Tout est mystérieux ici. Je m'attendois bien à quelque chose d'extraordinaire ; mais il faut, avant que de comprendre....

---

[1] Rigoley : « *disparoît.*/PIERROT ».

ALEXIS PIRON

PIERROT.

Je comprends que pour dix coups de bâton qu'on vous a donnés, j'en ai reçu vingt, moi, qui ne suis ici pour rien. Parbleu, Monsieur, descendez seul dans le trou. Le diable emporte si j'y vais.

AGRIPPAIN.

Aussi-bien ton irrévérence gâteroit tout le mystère.

PIERROT.

Ma foi, Monsieur, m'en croirez-vous ? Laissez-là votre Oracle de Tropho...... de Troupho..... Comment dites-vous ?

AGRIPPAIN

Trophonius.

PIERROT.

Oui, oui ; je m'en souviendrai, Fotronius. Laissez, dis-je, là ses Oracles ; & tenez-vous-en aux miens sur votre mariage. Marinette est une égrillarde qui n'est plus un enfant. Elle est majeure, usante & jouissante très-bien de ses droits. Tâtez-vous le pouls ! En conscience, est-ce là le fait d'un Galand qui a cinquante ans plus qu'elle ? Je me suis marié à trente ans : je n'avois qu'un an plus que ma femme qui étoit prude ; & si pourtant....

AGRIPPAIN.

Ne parlons pas d'âge. Suffit que je me porte bien.

PIERROT.

Et elle encore mieux : & puis c'est une Gasconne qui a de l'esprit comme un petit démon ; vous êtes borné comme un Beaunois :[1] elle est dépensière ; vous êtes un peu ladre....

AGRIPPAIN.

Oh ! je ne le serai pas pour elle. Bijoux, festins, habits, argent, elle aura ce qu'elle voudra.

---

[1] Piron se venge contre les habitants de Beaune, ville près de Dijon, son lieu natal, avec qui il eut, pendant sa jeunesse, une guerre de couplets qui lui valut quelque violence physique. Voir sur ce sujet la *Vie d'Alexis Piron* de Rigoley, p. 19-28.

L'Antre de Trophonius

PIERROT.

Air : *Nanon dormoit.*

Et vous pensez
Que cela, pour lui plaire,
Puisse être assez ?
Outre la bonne chère,
Les habits, les écus ;
Il faut, il faut....

AGRIPPAIN.

Je sais ce qu'il faut.

PIERROT.

Il faut ce que vous n'avez plus.

Et ce que nos Blondins oisifs n'auront que trop par-dessus vous.[1]

AGRIPPAIN.

Ah ! je voudrois bien voir qu'ils y vinssent !

PIERROT.

Elle ne le voudra pas moins que vous.

AGRIPPAIN.

Si rusée qu'elle soit, elle aura trouvé chaussure à son pied.[2]

PIERROT.

Et vous coëffure à votre tête.[3]

AGRIPPAIN.

C'est ce que je vais savoir de l'Oracle.

PIERROT.

Et s'il parle comme moi, en aura-t-il le démenti ?

---

[1] Allusion sexuelle évidente.

[2] Indication d'aisance à une époque où les pauvres allaient nu-pieds, mais l'expression peut aussi signifier qu'elle aura trouvé ce qu'il lui faut.

[3] Allusion aux cornes qui, selon la tradition, ornent la tête du cocu.

ALEXIS PIRON

AGRIPPAIN.

Oui, de par tous les Diables, il l'aura ! j'y mettrai bon ordre !

PIERROT.

C'est donc pour vous dire : autant vaudroit ne vous pas fourrer là...

AGRIPPAIN.

Je suis las de tes raisonnemens. Il ne parlera pas comme toi. Vas-t'en ; laisse-moi seul ici ! J'ai donné mes ordres pour la noce : marche à la maison ; &, qu'à mon retour, j'y trouve tout prêt.

SCÈNE VII.

AGRIPPAIN *seul.*

Je ne viens pas non plus, pour savoir seulement ce qu'il en sera de mon mariage ; je ferai d'une pierre deux coups. Il ne m'en coûtera qu'un voyage pour apprendre mon sort ; & ce que sont devenus mon argent & mon frippon d'Arlequin. (*Il s'avance vers l'Antre ; y jette une bourse : s'assied sur le bord, les jambes dedans ; & chante sur l'air des trois Cousines.*)[1]

Air : *La bonne aventure ô gué, la bonne aventure.*

Oracle, de qui j'attends
La vérité pure :
Daigne m'entendre, & m'apprends,
Sur deux points très-importans,
Ma bonne aventure, ô gué ! Ma bonne aventure.

Air : *L'avez-vous vu passer, Marguerite ma mie ?*

N'as-tu pas vu passer[,][2] bis.
Un drôle qui me vole,
Olire, olire[,][3]
Cinq milliers de pistoles,
Olire, ola ?

---

[1] Comédie en trois actes de Dancourt ; la musique fut composée par Jean-Claude Gillier, fréquent collaborateur des auteurs forains.

[2] Rigoley : « passer. *bis* ».

[3] Rigoley : « olire./Cinq ».

L'ANTRE DE TROPHONIUS

Air : *Vous en venez, vous en venez.*

Aujourd'hui j'épouse une Belle :
J'ai quelques cinquante ans plus qu'elle ;
Or, dis-moi ce qu'il en sera :
    On l'aimera ;
    Elle rira :
Or, dis-moi ce qu'il en sera.... ce qu'il en sera ?[1]

(*On le tire tout doucement dans l'antre.*)

Le prodige commence ; je descends.... Mais j'aperçois Marinette. Ne tirez pas si fort, divin Trophonius ! de grâce !... (*On le tire toujours, & sa voix se perd.*)

SCÈNE VIII.

MARINETTE, OLIVETTE.

MARINETTE *chante.*

Fin de l'air précédent.[2]

Non, non, je ne veux plus rire !
Non, non, je ne veux plus rire ; non, non !
Non, non, je ne veux plus rire !

OLIVETTE.

Attends du moins au lendemain de tes noces.

MARINETTE.

Je crois, ma chère Olivette, que nous nous sommes égarées dans la forêt.

---

[1] Malgré le fait qu'il s'agit d'un vers de treize syllabes, il y manque toujours une syllabe par rapport à l'air. Normalement, on s'attendrait à deux vers de neuf et de cinq syllabes.

[2] Une erreur, car ces paroles ne s'accordent pas avec la fin de l'air précédent. Il est plus probable qu'il s'agisse de la fin de l'air « Non, non, je ne veux pas vivre », bien qu'il y ait un « non » de trop à la fin du deuxième vers.

ALEXIS PIRON

OLIVETTE.

Point du tout. Voilà l'antre de Trophonius à trois pas de nous. Mais si tes pas ne sont pas égarés, ton esprit l'est étrangement, d'avoir la rage d'entrer dans ce maudit trou-là, simplement pour en sortir, & ne plus rire de ta vie.

MARINETTE.

Je vais devenir grosse Dame ; & en passe d'être peut-être un jour Belle-Mère d'un Duc.

OLIVETTE.

C'est une raison pour te mettre encore de plus belle humeur que jamais.

MARINETTE.

Fort bien ; mais, malgré cela, je ne dois plus rire. Il me faut de la gravité, dès que je vais représenter :[1] un beau sérieux donne de la considération.

OLIVETTE.

Quelle folie ! Oui parmi les Prudes & les Pédans ; comme la seule ressource qui reste au manque de jeunesse & d'esprit. Crois-moi, la gaîté n'a jamais fait que du bien à la physionomie ; & le sérieux fut toujours un masque à faire peur aux enfans. C'est, en partie, ta gaîté qui a fait tourner la tête à M. Agrippain. C'est la gaîté d'Arlequin, qui te le faisoit aimer, & qui te le fera regretter peut-être.

SCÈNE IX.

ARLEQUIN, MARINETTE, OLIVETTE.

ARLEQUIN *dans son habit ordinaire, & caché derrière un arbre.*

On parle de nous ; écoutons.

MARINETTE.

Ah ! ne prononce jamais devant moi, le nom de ce coquin-là !

---

[1] Cet emploi intransitif du verbe signifie que quelqu'un d'importance se fait respecter dans son rôle public.

L'Antre de Trophonius

OLIVETTE.

Quoi ! ta bonne fortune te le fait déjà mépriser ?

MARINETTE.

Hier, je m'expliquai avec lui d'une façon qui lui prouvoit bien le contraire ; & ce matin, le bruit court qu'il est parti, pour ne revenir jamais. Ne m'avoir pas daigné seulement dire adieu !

OLIVETTE.

Il ne l'a pas dit non plus à M. Agrippain.

MARINETTE.

Qu'est-ce qui le pressoit donc tant ?

OLIVETTE.

Un poids de cinquante mille livres qu'il avoit sur le dos ; & dont M. Agrippain ne l'avoit pas chargé.[1]

MARINETTE.

Il auroit volé cinquante mille francs à son Maître ![2]

OLIVETTE.

Vous êtes la seule au monde qui l'ignoriez.

MARINETTE.

Le bon-Homme apparemment a cru me sauver une mauvaise nouvelle, comme à quelqu'un qui partageoit déjà ses pertes. Venons au frippon d'Arlequin, que ma bonne fortune, disois-tu tout-à-l'heure, me faisoit déjà mépriser, tandis que c'est plutôt la sienne qui fait qu'il ne se soucie plus de moi. Étions-nous à nous être plaint[s][3] mille fois de la double misère qui empêchoit notre union ? Il venoit de lever l'obstacle, (assez vilainement, à la vérité) mais, si j'en avois été l'objet, m'eût-il craint comme son juge ? Dira-t-il que faute d'oser m'en faire confidence, il ne m'a pas osé dire adieu ? Ne le justifie point ; ce n'est pas seulement un voleur, comme son Maître ; c'est un vrai scélérat ! Je serois la première à donner son signalement à la Maréchaussée, & à le voir pendre, si

---

[1] Jeu de mots sur deux sens du verbe « presser » dans la réplique précédente.

[2] « Livre » et « franc » étaient synonymes.

[3] Rigoley : « être plaint mille ».

on le tenoit ! Qu'il se cache bien, s'il m'en croit ; car je serois fille à l'étrangler de mes propres mains.

ARLEQUIN *sortant de derrière l'arbre, sa sangle au col, & présentant les deux bouts à Marinette.*

[1] Eh bien ; sans vous donner la peine de poursuivre,
Saoulez-vous du plaisir de m'empêcher de vivre !

MARINETTE.

Ma chère où sommes-nous ? Et qu'est-ce que je voi ?
Arlequin dans ces lieux ! Arlequin devant moi !

ARLEQUIN.

Étranglez-moi ! Serrez ! Goûtez, sans résistance,
Le plaisir de ma perte, & de votre vengeance.

MARINETTE.

Hélas !

ARLEQUIN.

Écoute-moi !

MARINETTE.

Malheureux !

ARLEQUIN.

Un moment !

MARINETTE.

Le Prévôt peut passer.

---

[1] *Parodie du Cid.* On doit ici se rappeler l'irrégularité d'un Théâtre Forain, où l'Acteur & le Spectateur, à tout moment se confondoient dans l'action, & se supposoient réciproquement instruits de la bonne ou mauvaise plaisanterie du moment. (Note de la première édition.) Comme nous le dit la note, ce qui suit est une parodie du *Cid*, III, iv. Il s'agit de la scène où Rodrigue donne à Chimène son épée pour le tuer, et le remplacement de cette arme noble par une sangle est un des principaux traits comiques de la parodie.

L'Antre de Trophonius

ARLEQUIN.

Quatre mots seulement !
Après, ne me réponds qu'avecque cette sangle !

MARINETTE.

Moi, qui t'aimois hier, qu'aujourd'hui je t'étrangle !

ARLEQUIN.

Étrangle ! serre ! Heureux, mourant d'un coup si beau !

MARINETTE.

Vas ! je suis ta partie, & non pas ton bourreau.

ARLEQUIN.

Que tu dis bien ! [1]

MARINETTE.

Fuis donc !

ARLEQUIN.

Cruelle ! Que je fuie,
Et traîne loin de toi, mon licol & ma vie.
Adieu donc, Marinette !

MARINETTE.

Adieu, pauvre Arlequin !

ARLEQUIN.

Adieu, riche Moitié du richard Agrippain !
Arlequin t'auroit fait une Dame Arlequine ;
Agrippain va te faire une Dame Agrippine. [2]

---

[1] Sauf pour le dernier vers, qui imite un des plus célèbres de la pièce de Corneille, à partir d'ici, la parodie a très peu à voir avec la scène originale du *Cid*.

[2] Agrippine l'aînée, épouse de Germanicus, fut une femme fidèle, qui chercha à venger son époux, mort empoisonné. L'allusion vise plus probablement sa fille, Agrippine la jeune, mère de Néron, peut-être mieux connue que sa mère à l'époque à cause de son rôle-clef dans le *Britannicus* de Racine. Elle fut accusée,

ALEXIS PIRON

MARINETTE.

Il m'est odieux... Mais...

ARLEQUIN.

A tes yeux, je le suis.

MARINETTE.

Non, je ne te hais point.

ARLEQUIN.

Tu le dois.

MARINETTE.

Je ne puis.

ARLEQUIN.

Tant mieux ! En voilà assez.[1] Apprends qu'il n'y a rien de gâté. Tout va bien. Vas, tu ne seras pas Madame Agrippine ? on y met bon ordre dans ce trou-là ; aussi-bien qu'à nos affaires. Cet antre n'est autre chose qu'une caverne à Larrons, lesquels, après m'avoir détroussé, m'ont reçu parmi eux ; & m'ont mis au fait de leurs tours de passe-passe. J'ai pris l'habit. De profondes révérences, toutes deux, devant un Prêtre de Trophonius ! Et vous, Mademoiselle Olivette, vous allez voir aussi votre galant Scaramouche dans ses habits de cérémonie, s'honorer à vos yeux du même titre.

OLIVETTE.

Scaramouche ! Il est ici ?

ARLEQUIN.

Oui, te dis-je ; &, ayant servi avec la même distinction que moi, il est de la même promotion. A peine étions-nous instalés, que, pour mon étrenne, &, pour première dupe à balotter, j'ai eu M. Agrippain.

---

elle, d'avoir empoisonnée ses deuxième et troisième maris, ce dernier l'empereur Claude.

[1] La phrase comporte un sens métathéâtral aussi bien que le sens plus évident : « En voilà assez de notre dispute », mais aussi « En voilà assez de la parodie ».

L'Antre de Trophonius

MARINETTE.

Comment ! il est ici comme nous ?

ARLEQUIN.

Oui. On diroit que tous les Frippons & les Fripponnes du Canton s'y sont aujourd'hui donné rendez-vous. Il est là-dedans bien enfoncé & bien assoupi, à faire de mauvais rêves, qui vont nous le renvoyer bien guéri de la folie du mariage. L'ayant vu venir de loin, nous avons eu le temps de tapisser l'antre de cornes de bœuf, de bouc, de bois de cerf, de fourches, & d'autres choses d'aussi bon augure.[1] Ensuite, comme nous le tenions déjà par les pieds, il t'a appelée, & m'a fait par-là savoir ton arrivée. J'ai pris mes habits décens pour aller te recevoir. Voici le bon ami d'Olivette qui nous contera le reste.

SCÈNE X.

SCARAMOUCHE, ARLEQUIN, MARINETTE, OLIVETTE.

SCARAMOUCHE.

Ah ! te voilà, ma chère Olivette ! Eh que venois-tu faire ici ?

OLIVETTE.

J'y venois avec Marinette.

SCARAMOUCHE.

Et qu'y venoit-elle faire, elle ?

ARLEQUIN.

Tu es bien hardi. Je n'avois moi-même osé le lui demander.

OLIVETTE.

Elle y venoit pour ne plus rire.

ARLEQUIN *à Marinette*.

Comment l'entends-tu ? Est-ce que ma perte ne suffisoit pas pour cela ?

MARINETTE.

Pleurois-tu, ce matin, quand tu t'en allois sans me dire adieu ?

---

[1] Autre allusion aux cornes du cocu.

Alexis Piron

ARLEQUIN.

Prenons que tu ayes raison, & laissons cela. Quitte-à-quitte. (*A Scaramouche.*) Où en sont nos affaires ?

SCARAMOUCHE.

Au point que nous souhaitions. Dès que tu as été sorti, & que nous l'avons vu tomber dans l'assoupissement, causé par ces diables d'herbes que tu sais, nous avons contrefait le cri des coucous ;[1] puis j'ai prononcé cet oracle, en réponse à ce qu'il nous avoit chanté à son arrivée :

>En sortant de l'antre Divin,
>Tu retrouveras Arlequin.
>Abandonne-lui ta cassette.
>Et, sur peine d'être plumé,
>Crois-moi, renonce à Marinette,
>Qu'il aime, & dont il est aimé.

Nous avons fait notre devoir ; ses rêves, à cette heure, font le leur.

OLIVETTE.

Ma foi, Messieurs les Frippons, vous avez fait de bonne besogne ; & vous devez une belle chandelle au joli dieu Mercure, votre honnête Patron.[2]

ARLEQUIN.

Quand on parle du loup, on en voit la queue. Tenez, ne le voilà-t-il pas qui passe là-haut sur nous ?

>Pourquoi vous enfuyez vous,
>Divin Mercure ?
>Pourquoi vous enfuyez-vous ?
>Ho ho ! ha ha ! ha ha ! hé hé hé !
>O puissant Dieu des Filoux !
>Venez droit ! venez droit ! venez droit à nous !

---

[1] Autre symbole du mari trompé, à cause de l'habitude qu'a cet oiseau de pondre ses œufs dans les nids d'autres oiseaux – le mot « cocu » vient, bien entendu, de « coucou ».

[2] Mercure est, entre autres choses, le patron des escrocs et des voleurs. Notez l'ironie de l'adjectif « honnête ».

L'Antre de Trophonius

SCÈNE XI.

MERCURE, ARLEQUIN, SCARAMOUCHE, MARINETTE, OLIVETTE.

MERCURE.

Messieurs, Mesdames, vous me faites trop d'honneur. Je ne suis qu'un pauvre diable de Dieu réformé, indigne d'une si noble invocation.

SCARAMOUCHE.

Effectivement je ne vous vois plus vos attributs. Où est votre caducée,[1] cette verge fatale avec laquelle vous conduisiez les vivans chez les morts ?

MERCURE.

On me l'a ôté pour en faire le sceptre d'Esculape.[2]

ARLEQUIN.

C'est l'avoir mis à sa vraie place ; le fouet à la main du voiturier. Mais vous n'en êtes pas moins resté le Protecteur & le Dieu des Filous.

MERCURE.

C'est ce qui vous abuse encore. Je suis entièrement abandonné, depuis qu'Hercule, ayant nettoyé les campagnes de brigands, ils se sont retirés dans les villes, pour y figurer sous différens titres plus ou moins honorables. Les uns se nomment Marchands, les autres Artisans, les autres Financiers.[3] Plutus[4] m'enlève toutes ces pratiques là. Thémis, la Justice même, ne s'est point fait une affaire de me débaucher & d'enrôler sous ses étendards l'élite de mes

---

[1] Baguette de Mercure, autour de laquelle sont enroulés deux serpents. Une erreur causée par sa ressemblance au bâton d'Esculape (voir la réplique suivante), qui n'est entouré que d'un seul serpent, fait du caducée le symbole des médecins et des pharmaciens.

[2] Médecin grec légendaire, souvent identifié comme dieu de la médecine, rôle aussi attribué à Apollon.

[3] Toutes ces associations sont traditionnelles dans la comédie.

[4] Dieu de la richesse.

adorateurs ;[1] &, ce qui me pique le plus contre ces déserteurs, c'est que, non contens d'avoir passé au service de mon ennemie déclarée, ces ingrats, en remerciement des bons tours qu'ils tiennent de moi, ne font, par pure envie de métier, que persécuter le peu de pauvres Sujets fidèles qui me restent par-ci par-là, sur les grands chemins, en se faisant grâce les uns aux autres, moyennant leur part au gâteau.

ARLEQUIN.

Ne faites-vous pas toujours les commissions amoureuses de Jupiter ?

MERCURE.

Depuis que tous les Dieux, & les demi-Dieux de l'Olympe se les arrachent des mains, il n'y a pas, là-haut, de l'eau à boire dans ce métier-là. J'ai été obligé de venir chercher ici-bas de l'emploi ; & de Dieu que j'étois, de me faire un misérable Colporteur, dont il n'est pas que vous n'ayez entendu parler sous le nom de *Mercure-Galant*.[2]

SCARAMOUCHE.

Ah ! quel déchet ! C'est comme si de Scaramouche, je devenois Meûnier. C'est donc vous qui courez après les Pièces fugitives, qui nous annoncez les morts, les mariages, les naissances, les promotions !

MERCURE.

Et les généalogies.

SCARAMOUCHE.

Toutes choses bien intéressantes pour les Lecteurs !

MERCURE.

Assurément. Et un air tendre, une chanson à boire, un commencement de Roman sans queue, une Énigme ou deux, deux

---

[1] Dans la comédie, tous les hommes de loi sont également malhonnêtes.

[2] Fondé en 1672 par Donneau de Visé, le *Mercure galant* fut publié jusqu'en 1674, et puis recommença sous le nom de *Nouveau Mercure galant* en 1677 après une courte interruption. Ce n'est qu'en 1724, deux ans après les représentations de *L'Antre de Trophonius*, que le nom fut changé en *Mercure de France*.

ou trois jolis Logogriphes,[1] pour laisser des os à ronger aux beaux-esprits de la Cour, de la Ville, & des Provinces, & les amuser jusqu'à mon retour lunaire ;[2] n'est-ce donc rien ?

ARLEQUIN.

Peste ! Nous ne disons pas cela ! Che gusto ![3] Continuez. Et dans quel heureux pays faites-vous ces belles récoltes ?

MERCURE.

Sur les bords de la rivière de Seine.

ARLEQUIN.

Oh, oh ! Vous avez bon nez. Tubleu, vous parlez-là de l'Arabie heureuse ! C'est le pays des curieux. Et des Spectacles, n'en dites-vous rien ?

MERCURE.

Si-fait, vraiment, j'en parle. Dernièrement on t'afficha toi-même, sous le nom de Deucalion.[4]

ARLEQUIN.

J'étois Arlequin-Deucalion ; & Deucalion-Arlequin étoit moi ; & moi lui ?

MERCURE.

Si Signor. Il vous représentoit, & vous le représentiez.

ARLEQUIN.

A-t-il réussi ? Ai-je réussi ? Avons-nous réussi ?

---

[1] Sorte d'énigme où il s'agit de trouver un mot à partir d'indications basées sur le sens d'autres mots plus courts qui en font partie.

[2] *Le Mercure* était à cette époque un mensuel.

[3] Expression d'approbation ou, employée de façon ironique, comme ici, de désapprobation.

[4] Il s'agit de la première pièce de Piron, *Arlequin-Deucalion* (1722), monologue en trois actes. La première représentation de *L'Antre de Trophonius*, comme nous l'indique l'avertissement de Piron, suivit une représentation d'*Arlequin-Deucalion*. Dans ce qui suit, Piron se moque de ses critiques et se défend contre eux.

MERCURE.

Réussi, coussi, coussi. Vous parliez trop morale, & disiez trop de vérités. Cela n'a pas plu également à tout le monde.

ARLEQUIN.

Je faisois bien. On n'en sauroit trop dire : je m'en applaudis.

MERCURE.

Cela est commode ; mais ce n'est pas le goût de nos gens. Autre sottise de l'Auteur qui vous faisoit parler. Vous parliez fusils & pistolets, dans le temps du déluge.[1] On siffloit l'anachronisme.

ARLEQUIN.

On siffloit l'ana... chro... nisme ! l'anachronisme ! Quel diable d'oiseau est-ce là qu'on siffloit ?[2]

MERCURE.

Que parlez-vous d'oiseau ? L'anachronisme est une faute de chronologie.

ARLEQUIN.

Chro chro chronologie ! Autre bête que je connois encore moins.

MERCURE.

On n'a jamais fini avec les ignorans. Chronologie est l'ordre des temps. L'Auteur vous faisoit renverser cet ordre, en vous faisant parler d'une chose, qui n'exista que bien long-temps après le déluge.

ARLEQUIN.

Voilà de nos Puristes, qui ont vu, sans y trouver à redire, les faisceaux portés devant Romulus, deux ou trois cens ans avant

---

[1] Dans III, iii, Arlequin trouve une paire de pistolets, ce qui amène un discours contre la violence et surtout sur la cruauté de ces armes, aussi bien qu'une plaisanterie visant un autre auteur forain, Fuzelier : « Que d'ici à la fin des temps on n'entende plus parler de pistolets, de fusils, ni de Fuzilier ».

[2] « Siffler un oiseau » signifie siffler devant un oiseau domestique pour lui apprendre des airs.

qu'il fût à Rome question de faisceaux.[1] Est-ce là tout ce qu'ils ont remarqué ?

MERCURE.

Ils reprochent encore à la Pièce une autre impertinence du même genre. C'est qu'Apollon y paroissoit avec une couronne de laurier, quand la Mythologie ne fait naître Daphné, qui fut le premier des Lauriers, que bien du temps après qu'Apollon eut tué le serpent Python, né de la fange du déluge, qui dure encore quand la Pièce commence.[2]

ARLEQUIN.

Voilà des aigles bien désœuvrés, de s'amuser ainsi à chasser aux mouches. N'avez-vous rien de mieux à nous dire sur les Spectacles ?

MERCURE.

Je ne me suis donné, ce voyage ici, que le temps d'arracher, en volant, quelques affiches. En voici une des Marionnettes.

SCARAMOUCHE.

Au diable de pareilles balivernes !

MERCURE.

Pas tant balivernes. Je pensois d'abord comme vous. Mais entendant crier : *Entrez, Messieurs, Mesdames ; c'est ici l'assemblée de toute la Noblesse.* Et voyant en effet, cent carrosses

---

[1] Le faisceau de verges entourant une hache porté par les licteurs était le symbole de l'autorité des magistrats de la république romaine, et n'existait donc pas à l'époque de Romulus, fondateur et premier roi de Rome selon la mythologie. La critique se rapporte à *Romulus* (1722), tragédie de La Motte, mais il s'agit sans doute d'un détail visuel de la mise en scène, car il n'en est pas question dans le texte imprimé de la pièce (à moins que La Motte ne l'ait corrigé avant l'impression). Dans la parodie foraine de la pièce, *Pierrot Romulus*, dont il sera question ci-dessous, on se moque de la même erreur.

[2] Daphné est transformée en laurier par son père le dieu-fleuve Pénée pour la sauver de l'amour d'Apollon. Pour se consoler de sa perte, Apollon forme avec ses branches une couronne qui devient un de ses attributs caractéristiques, mais, on a raison de le signaler, qu'il ne portait pas encore à l'époque des événements décrits dans *Arlequin-Deucalion*. Encore une fois, il s'agit d'un détail visuel du costume de l'acteur, qui n'est pas mentionné dans le texte de la pièce de Piron.

plantés à la porte de l'hôtel du Seigneur Polichinel, j'y suis entré, & je n'ai pas vu sans surprise, que le Crieur n'en imposoit pas.[1]

ARLEQUIN.

Toute la Noblesse aux Marionnettes ! Voyons donc ce qu'on y représentoit. (*Il lit :*) PIERROT-ROMULUS.[2] Que veulent dire ces deux mots étonnés l'un de l'autre ?

MERCURE.

Oui, Romulus y figuroit en Pierrot : le grand Pontife de Rome,[3] en Polichinel ; & Tatius, le Roi des Sabins, en bon-homme Jambroche.[4]

ARLEQUIN.

Quel maudit genre de farce est-ce là ? Comment l'appelle-t-on ?

MERCURE.

Parodie ;[5] laboratoire ouvert aux petits esprits malins qui n'ont d'autres talens que celui de savoir gâter & défigurer les belles choses.

---

[1] Allusion à la popularité des théâtres forains avec des spectateurs de tous rangs. Bien que Polichinelle fût un acteur ordinaire du théâtre italien, aux Foires on ne le trouve normalement que dans les pièces à marionnettes, où il a tendance à remplacer Arlequin comme personnage principal.

[2] *Pierrot-Romulus; ou, le ravisseur poli* (1722), parodie de *Romulus* de La Motte, par Lesage, Fuzelier et d'Orneval.

[3] Le Grand-Prêtre Muréna.

[4] Le rôle est joué par le Docteur.

[5] Bien que les théoriciens modernes des genres parodiques limitent l'emploi du mot « parodie » aux ouvrages qui racontent une histoire triviale dans un style héroïque, Piron et les autres dramaturges de son époque l'emploient d'une façon à la fois plus générale et très spécifique. Ils employaient dans leurs parodies une variété de techniques, mais la technique dominante était celle de raconter une histoire héroïque dans un style trivial (plus proprement le travesti); néanmoins, bien que nous trouvions dans le répertoire forain (ou italien) beaucoup de traitements comiques de sujets mythiques ou historiques sérieux, le terme « parodie » est employé uniquement pour des ouvrages qui se moquent d'une production dramatique spécifique récemment représentée. Malgré les critiques de Mercure, Piron, qui plus tard dans sa carrière écrivait lui-même des parodies, semble plutôt partager l'opinion exprimée par Marinette.

L'ANTRE DE TROPHONIUS

OLIVETTE.

C'est comme la petite vérole parmi nous.

MARINETTE.

J'y entendrois quelque finesse. Ne seroit-ce pas une satire contre les Grands, dont la vanité semble être tympanisée dans ces folles métamorphoses ?

SCARAMOUCHE.

Mais quel étrange jargon parlons-nous tous ici ? Les rêves que fait, à cette heure, M. Agrippain ne sont pas plus creux ni plus biscornus.

OLIVETTE.

Passons le temps comme nous pourrons d'ici à son réveil.[1]

MARINETTE.

Je goûte fort ces Parodies, & le secret de changer les larmes en éclats de rire.

MERCURE.

[2] Œdipe, en robe de Quinze-Vingt, dernièrement a plus fait rire de monde, que jamais celui de Sophocle n'en a fait pleurer. Aussi

C'est le tic, tic, tic[3], c'est le tic du Public.

OLIVETTE *à Mercure.*

N'y a-t-il pas encore quelque chose dans votre répertoire pour nous faire rire ?

MERCURE.

Voici l'Affiche du Théâtre Italien.

MARINETTE.

Ah, bon ! Nous allons rire : ceci sera bouffon.

---

[1] Ainsi, de façon très peu convaincante, il faut le dire, Piron cherche à donner une justification dramatique à cette scène qui ne fait aucunement avancer l'intrigue.

[2] L'Œdipe de M. de Voltaire, parodié par les Italiens. (Note de la première édition.)

[3] Refrain des couplets à la fin de *Pierrot-Romulus*. (Note de la première édition.)

ALEXIS PIRON

MERCURE.

Thimon le Misantrope ; en attendant les Sept Sages de la Grèce.[1]

OLIVETTE.

Le Diable les emporte avec leur Misantrope, & leurs Sept Sages. Voyons l'Affiche des Comédiens du lieu.

MERCURE.

Iphigénie & Cartouche.[2]

ARLEQUIN.

Voilà la Fille du Roi d'Argos joliment mariée ! Après ?

MERCURE.

Oh, parbleu, chacun a ses affaires ! Je ne sais qui vous attendez ici ; mais tout le monde m'attend ailleurs : sans compter la poursuite d'un grand procès que j'ai contre les Suppôts d'Esculape, tant principaux que subalternes.

SCARAMOUCHE.

Et que pouvez-vous avoir à démêler avec de telles gens ?

MERCURE.

Ils veulent me faire défendre mes drogues, disant que, depuis les miennes, ils ne vendent plus ni opium ni pavots blancs.[3]

---

[1] *Timon le misanthrope*, comédie en trois actes de Louis-François Delisle de La Drevetière, qui venait de rapporter un succès pour les Italiens. *Arlequin au banquet des sept sages*, du même auteur, ne fut créé qu'en janvier 1723, mais avait été annoncé longtemps avant cette première représentation, ce qui explique cette plaisanterie.

[2] La tragédie de Racine et la comédie de Legrand ; il s'agit sans doute d'une représentation où on donna les deux pièces.

[3] C'est-à-dire que le *Mercure* fait dormir plus efficacement que les soporifiques fournis par les médecins, mais il y a aussi un jeu de mots sur « drogue », qui peut signifier quelque chose qui ne vaut rien.

L'ANTRE DE TROPHONIUS

SCÈNE XII.

SCARAMOUCHE, ARLEQUIN, MARINETTE, OLIVETTE.

MARINETTE.

Véritablement, il m'a fait bâiller plus d'une fois.

OLIVETTE.

Il en a fait, je crois, & en fera bien bâiller d'autres. Pour moi je bâille encore ; & si M. Agrippain ne se dépêche de s'éveiller, je vais me jeter sur l'herbe & dormir.

ARLEQUIN.

Un peu de patience ! Voilà qu'on le pousse dehors. Parbleu, il fait une belle moue. Je vais finir la Comédie.[1] (*Il se jette, les mains jointes, aux pieds d'Agrippain.*) Miséricorde, Monsieur, je vois bien ce que vous m'allez dire ! Je vous ai dérobé cinquante-mille livres : cela est vrai. Mais je vous prie de croire que cela ne m'est arrivé encore qu'une fois. Hélas ! j'en suis déjà bien puni : car un moment après, on me les a dérobées comme à vous. Ma faute n'est plus sur moi : je n'ai pas le sou.

AGRIPPAIN.

Lève-toi ! (*à Marinette.*) Qui t'amenoit ici, ma pauvre Marinette ?

MARINETTE.

Pouvez-vous le demander ? Je venois consulter l'Oracle, pour savoir ce que vous étiez devenu.

AGRIPPAIN.

Laissons-là toute explication. L'Oracle m'en a dit plus que je ne lui en demandois. J'ignorois, par exemple, que vous vous aimiez l'un & l'autre ; auquel cas j'ôtois plus à Arlequin qu'il ne me prenoit. Je m'exécute. Je lui pardonne ce qu'il a fait, & je vais lui rendre ce qu'il a perdu. Vous voyez d'où je sors ; c'est vous dire assez que je vous rends l'un à l'autre ; & que toute envie de rire est passée pour moi. Suivez-moi au logis : il ne tiendra qu'à vous d'y profiter des préparatifs d'une noce qui ne peut plus être la mienne. Adieu. (*Il s'en va.*)

---

[1] Terme qui a un sens dans le contexte de l'intrigue, mais se rapporte aussi de façon métathéâtrale à la pièce elle-même, qui tire aussi à sa fin.

Alexis Piron

SCARAMOUCHE *donnant la main à Olivette, & Arlequin à Marinette.*

Allons, mes enfans, courons après ; la nappe est mise pour nous : partie quarrée.[1]

MARINETTE.

J'ai plus envie de rire que jamais. Me voilà revenue de mon pélerinage.

ARLEQUIN.

Et moi, du gibet.

Fin de la Pièce.

---

[1] Ou « partie carrée », signifie une partie de divertissement faite entre deux hommes et deux femmes.

L'ANTRE DE TROPHONIUS

DIVERTISSEMENT.

Vaudeville ;[1]

Musique de M. l'ABBÉ.[2]

Une Fille dans son printems,
      N'aime qu'à rire,
Et qu'à voir mille & mille Amans,
      Sous son empire.
Si vous voulez bientôt elle ne rira plus ;
      Mariez-moi la Belle ;
Le lit nuptial est pour elle
      L'Antre de Trophonius.

L'Auteur chaussé du brodequin[3]
      N'aime qu'à rire,
Et dans la bouche d'Arlequin
      Met la satire ;
Mais si des Auditeurs ses traits sont mal reçus,
      Adieu l'humeur folâtre :
Il a trouvé sur le Théâtre
      L'Antre de Trophonius.

FRANCISQUE.[4]

La Troupe, en arrivant ici,
      N'aimoit qu'à rire ;
Espérant de remplir aussi
      Sa tirelire.

---

[1] Le mot « vaudeville », qui signifie au début une chanson où des paroles nouvelles sont écrites pour un air connu, finit par signifier aussi une comédie en vaudevilles, et, comme ici, le genre de finale typique d'une telle comédie, bien que ces finales soient écrits la plupart du temps sur une musique originale, et ne sont donc pas des vaudevilles dans le premier sens du terme.

[2] Un des compositeurs forains habituels ; il s'agit probablement de l'abbé Pierre Saint-Sévin (1695-1768), violoncelliste à l'Opéra à partir de 1727.

[3] C'est-à-dire l'auteur comique.

[4] Le chef et l'Arlequin de la troupe pour laquelle Piron écrivit *Arlequin-Deucalion* et *L'Antre de Trophonius*.

Alexis Piron

Elle a fait des efforts & des vœux superflus ;
Cruelle destinée !
La Foire est pour nous cette année,
L'Antre de Trophonius.

FIN

LA ROBE DE DISSENTION

OU

LE FAUX-PRODIGE,

OPÉRA-COMIQUE,

EN DEUX ACTES,

Joué à la Foire Saint-Germain, en 1726.

PERSONNAGES.

LÉANDRE, Cavalier François, Amant d'Isabelle.
DOM PÈDRE, Cavalier Espagnol, Amoureux d'Elvire.
DOM FERNAND, Cavalier Espagnol, Amoureux d'Isabelle.
ISABELLE, Maitresse de Léandre, & Sœur de Dom Pèdre.
ELVIRE, Sœur de Dom Fernand, Maitresse de Dom Pèdre.
OLIVETTE, Femme de Guzman.
LAZARILLE, Valet de Dom Pèdre.
GUZMAN, Valet de Dom Fernand, Époux d'Olivette.
L'ALGOUAZIL,[1] Dom Harpalos.
ARLEQUIN, Dom Balivernos.[2]
TROUPE de Femmes.
TROUPE d'Esprits Élémentaires.
LES QUATRE NATIONS, pour le dernier Ballet.

La Scène est dans une Ville d'Espagne.

---

[1] Ou « alguazil » : officier de police espagnol.

[2] Le lien avec le mot « baliverne » est évident.

LE FAUX-PRODIGE,

OPÉRA-COMIQUE.

ACTE PREMIER.

SCÈNE PREMIÈRE.

Le Théâtre représente une Ville.

ARLEQUIN *vêtu à l'Espagnole, & suivi de quatre Danseurs, habillés en Esprits élémentaires.*

Oh ça, camarades, vous voilà travestis comme il faut, pour représenter des Génies élémentaires. Que chacun de vous songe à bien jouer son rôle, quand il faudra danser. Entrez cependant dans cette maison, d'où je vous tirerai quand il en sera temps. Pour moi je vais.... Mais j'apperçois mon Maître, qui n'a, je crois, guère envie de rire.

SCÈNE II.

LÉANDRE, ARLEQUIN.

LÉANDRE.

Air : *Des folies d'Espagne*.

Cruel Amour ! dont les funestes charmes,
Sous quelques fleurs cachent un noir venin ;
Tes feux vont donc s'éteindre dans mes larmes.

ARLEQUIN, *l'approchant par derrière*.
Éteignez-les plutôt dans le bon vin.

Un monologue amoureux ! & la larme à l'œil !

ALEXIS PIRON

Air : *Amis, sans regretter Paris.*

Quoi ! vous donnez dans ces excès ?
Vous, aimer de la sorte !
Voilà qui n'est guère François ;
Ou le Diable m'emporte.

Mais il est vrai que nous sommes en Espagne ; je vous pardonne ces folies.[1]

LÉANDRE, *sans le regarder.*

Air : *M. de la Palisse est mort.*

Laisse-moi seul, ou tais-toi !

ARLEQUIN.

Votre chagrin me résiste ?

LÉANDRE.

Comment être gai, dis-moi....

ARLEQUIN.

C'est de n'être jamais triste.

Air : *Mordienne de toi.*

C'est la vérité.

LÉANDRE, *le repoussant toujours sans le regarder.*

Laisse-moi, te dis-je,
Ta sotte gaîté
Me choque & m'afflige.
Mordienne de toi
Et de.....

(*Le regardant tout à coup, & surpris de voir son habillement*).

Un habit à l'Espagnole ! Arlequin.

---

[1] Piron établit dès le début les stéréotypes nationaux qui seront à la base de l'intrigue.

ARLEQUIN.

Air : *La jeune Isabelle*.

    Paix, bouche indiscrette ;

LÉANDRE.

    Est-ce bien toi ?

ARLEQUIN.

    Non.
Comme de jaquette,
J'ai changé de nom.
Maintenant en homme
Qui fait le gros dos ;
Arlequin se nomme
Dom Balivernos.

LÉANDRE.

Air : *L'on n'aime point dans nos forêts*.

Dom Balivernos ! &, dis-nous,
Cet habit, ce nom, pourquoi faire ?

ARLEQUIN.

Bon ! les grands Seigneurs & les fous
N'ont d'autres raisons d'ordinaire,
Dans ce qu'ils font qu'un *je le veux* ;
Et je suis, je crois, l'un des deux.

LÉANDRE.

Oh, pour cela oui ; tu es un fou & tu ne seras jamais qu'un fou. Regarde le bel effet de tes promesses.

Air : *Quand le péril*.

Sur tes soins, tes pas & tes veilles,
Tu voulois que je fisse fond !
Vois comme mes affaires vont ?

ARLEQUIN.

Vos affaires, Monsieur,
    Elles vont à merveilles.
Ne craignez rien.

LÉANDRE.

Je ne t'ai donc pas dit que Dom Pèdre donne ma chère Isabelle, sa sœur, en mariage à Dom Fernand.....

ARLEQUIN.

Qui donne aussi sa sœur Elvire à Dom Pèdre ; pardonnez-moi, je sais cela ; vous me l'avez dit mille fois.

LÉANDRE.

Mais tu ne sais donc pas que ces deux mariages là se font aujourd'hui ? dans une heure ou deux au plus tard.

ARLEQUIN.

Pardonnez-moi, Monsieur, je sais tout cela.

LÉANDRE.

Air : *Quand le péril.*

 Que viens-tu donc, à mes oreilles,
 Chanter que je ne craigne rien ?
 Et que mes affaires vont bien ?

ARLEQUIN.

 Oui, Monsieur, à merveilles.

LÉANDRE.

A merveilles !

Même air.

 Quand tout s'apprête & s'appareille
 Pour m'ôter l'objet de mes feux ;

ARLEQUIN.

 Oui, je vous le dis, une, deux,
   Et trois fois ; à merveille !

Le Faux-Prodige

LÉANDRE.

Air : *Dedans nos bois, il y a un Hermite*.
Quelle vapeur te trouble la cervelle ?

ARLEQUIN.
J'ai le cerveau très-sain.

LÉANDRE.
J'ai contre moi le frère d'Isabelle
    Son devoir, le destin :
Dans les horreurs de cet état funeste,
    Qu'est-ce qui me reste ?

ARLEQUIN.
    Moi.
Moi ! moi ! je vous reste.
Moi, dis-je ; & c'est assez.

LÉANDRE.
La belle ressource !

ARLEQUIN.
Tenez-vous en repos seulement.

LÉANDRE.

Air : *Des Pélerins*.
Ah, que ton avis m'importune !
    Moi, du repos !
Quand l'impitoyable fortune
    Comble mes maux ?
Quand je touche au moment fatal,
    Où la cruelle,
Va pour jamais à mon rival
    Unir mon Isabelle.

ALEXIS PIRON

Air : *Quand je bois de ce jus d'Octobre.*

Que peut faire pour moi ton zèle
En de telles extrémités ?

ARLEQUIN.

Une petite bagatelle
Que je vais vous dire ; écoutez.

Air : *Amis, ne parlons plus de guerre.*

Je vais délivrer Isabelle
    De Dom Fernand ;
Il va se dédire auprès d'elle
    Comme un Normand.[1]
Je veux qu'à lui-même il lui plaise,
    De vous l'offrir ;
Et que Dom P[è]dre[2] soit trop aise,
    D'y consentir.

Cela suffit-il ? Ne vous manque-t-il plus rien ?

LÉANDRE.

Tu me contes là des prodiges, & je crains bien.....

ARLEQUIN.

Air : *Menuet de la chasse.*

Mettez la crainte bas !
    J'ai pour vous, hélas !
    Bien eu sur les bras
    D'autres embarras !
    Je cours de ce pas,

---

[1] Selon le stéréotype, on ne peut pas se fier aux Normands.

[2] Rigoley : « Dom Pedre soit ».

Le Faux-Prodige

Apprêter mes lacs :[1]
Ne m'arrêtez pas.

LÉANDRE, *l'arrêtant.*

Air : *Voulez-vous savoir qui des deux.*

Arrête, mon cher Arlequin,

ARLEQUIN.

Ménagez donc mon casaquin.[2]

LÉANDRE, *d'un air bien suppliant.*

Mets-moi plus avant, je te prie,
Dans un secret de qui dépend
Le repos de toute ma vie.

ARLEQUIN.

Qu'un Maître amoureux est rampant !

Soit. Mais dépêchons donc. Vous savez que rien n'est si jaloux que les Espagnols ?

LÉANDRE.

Il est vrai.

ARLEQUIN.

Que rien n'est si crédule que les jaloux ?

LÉANDRE.

J'avoue encore cela.

ARLEQUIN.

Ni rien de si impudent que moi ?

LÉANDRE.

Je te le passe ; après.

---

[1] Piège qui prend la forme d'un nœud coulant.

[2] « Tomber sur le casaquin de quelqu'un » veut dire le maltraiter ; l'expression de Piron pourrait donc signifier « Soyez gentil », mais il est également possible que le sens ne soit pas figuré, mais suggère simplement qu'en essayant de l'arrêter Léandre a pris Arlequin par le vêtement.

Alexis Piron

ARLEQUIN.

Eh bien ! mon impudence a bâti sur les Jaloux & leur crédulité, l'édifice de la plus jolie petite fourberie du monde.

LÉANDRE.

Voyons.

ARLEQUIN.

Air : *Amis, sans regretter Paris.*

A Dom Fernand, votre rival,
  Je viens de faire accroire,
Que je suis un Original,
  Versé dans le Grimoire.

Je lui ai dit que j'avois grand commerce avec les Puissances élémentaires ; & comme vous savez,

Air : *Par bonheur ou par malheur.*

Par bonheur ou par malheur,
Je suis excellent joueur
De cartes, de gibecière ;
J'en sais tous les tours par cœur ;
Et j'étois dès la lisière,
Danseur, sauteur, voltigeur.

Air : *L'on n'aime point dans nos forêts.*

Moyennant quoi j'ai fait cent tours,
De souplesse & de passe-passe,
Qui, secondés de mes discours,
Ont si bien bridé la bécasse ;
Qu'on me croiroit, si d'un air franc
J'avois dit que j'ai le teint blanc.[1]

LÉANDRE.

Au fait. Que lui as-tu fait croire qui fasse à mes affaires ?

---

[1] Allusion au masque noir d'Arlequin.

LE FAUX-PRODIGE

ARLEQUIN.

Vous savez bien cette longue robe noire que m'a prêtée hier un Algouazil ?

LÉANDRE.

Eh bien, cette robe......

ARLEQUIN.

Fera notre fortune ; j'ai fait accroire à votre rival Dom Fernand, que cette vilaine robe noire étoit du plus beau couleur de feu du monde, & enrichie d'une broderie merveilleuse. Mais que ce rouge & cette broderie ne paroissoient qu'aux yeux des maris, dont les femmes étoient irréprochables.[1] Sa jalousie a pris feu.........

LÉANDRE.

Ah, je prévois ! il veut la faire voir au frère d'Isabelle, avant son mariage.......

ARLEQUIN.

Justement. Il la dansera.[2] Je tiens encore un prodige tout prêt, dans cette maison-là, pour achever de l'enjôler, & je vous promets......

Air : *Y-avance, y-avance.*

Mais, voici Guzman, son valet,
A qui je deviendrois suspect,
S'il nous voyoit en conférence ;
 Y-avance, y-avance, y-avance,
Ne gâtons pas la manigance.

---

[1] Ou aux célibataires dont les sœurs (s'ils en ont) sont irréprochables ; il semble être une erreur de la part de Piron (ou de Rigoley ?) que ce détail, qui sera précisé plus tard (I, v), manque ici, car c'est essentiel pour comprendre la réplique suivante. On nous dit également plus tard (I, xi), que les hommes qui n'ont ni femme ni sœur ne voient que du noir.

[2] Je lui donnerai bien de l'embarras pour lui faire faire ce que je veux.

SCÈNE III.

ARLEQUIN, GUZMAN.

GUZMAN, *à Arlequin qui s'en va.*

Air : *Ton himeur est Catherène.*

Hola, Monsieur l'Astrologue,
Faisons les choses sans bruit.
Je suis dans le catalogue
De ceux que la robe instruit :
Je me suis mis en ménage,
Dont j'ai tous les sens ravis,
Car je crois ma femme sage
Sauf votre meilleur avis.

Air : *A la façon de Barbari, mon ami.*

Aurai-je la permission
    De regarder la robe ?

ARLEQUIN, *à part.*

Courage, l'hameçon est bon,
    Tout le monde le gobe.
    (*Haut*).
Oui, vous la verrez, pourquoi non ?

GUZMAN.

La faridondaine la faridondon
    Que je vais être réjoui !
    Biribi.

ARLEQUIN.

A la façon de Barbari,
    Mon ami.
    (*Il s'en va*).

LE FAUX-PRODIGE

SCÈNE IV.

GUZMAN, LAZARILLE.

LAZARILLE.

Qu'est-ce que c'est donc que cette robe ?

GUZMAN.

Rien, rien.

LAZARILLE.

Et ne pourrois-je pas la voir aussi ?

GUZMAN.

Qui empêche ? Oui-dà. Je le prétends bien comme cela.

Air : *Comme un coucou que l'amour presse.*

Oh ça, mon ami Lazarille,
Ton Maître & le mien, Dieu-merci,
Ne vont faire qu'une famille ;
N'en faisons tous deux qu'une aussi.

Air : *Très-volontiers, très-volontiers.*

Disons-nous nos secrets ;
De compère à compère,
De valets à valets,
On ne se doit rien taire.
Parlons-nous d'amitié.

LAZARILLE.

Très-volontiers, très-volontiers, j'y taupe.

GUZMAN.

Et sur quel pié
Est ta moitié [?][1]

LAZARILLE.

Ce n'est qu'une salope.

---

[1] Rigoley : « moitié./LAZARILLE ».

GUZMAN, *à part.*

Cela vise au noir.

LAZARILLE.

Air, *du carillon de Mélusine.*

Quand je suis hors de la maison ;
Son cœur est gai comme un pinçon :
C'est Margot carillon. Mais diantre !
Sitôt que Lazarille rentre,
　　Gnin, gnan, gnon, gnan, gnin, gnan, gnon,
C'est mademoiselle Grognon.

GUZMAN, *à part.*

Au noir, au noir ! tout droit au noir.

LAZARILLE.

Et la tienne ?

GUZMAN.

Je t'en dirai des nouvelles une autre fois ; fais seulement ma commission auprès de ton Maître.

Air : *Tarare ponpon.*

Dis-lui que tout soit prêt pour la cérémonie ;
Qu'Elvire & Dom Fernand l'attendent dans ce lieu.

LAZARILLE.

La robe, je t'en prie !

GUZMAN.

Tu la verras. Adieu :
(*à part*).
Mais pour la broderie
　　　　　Fort peu.

LE FAUX-PRODIGE

SCÈNE V.

GUZMAN, OLIVETTE.

GUZMAN.

Ah ! ah ! ma Femme, ah, ah !

OLIVETTE.

Quoi ? ah, ah !

Air : *Que faites-vous Marguerite*.

Qu'est-ce donc qui me tracasse ?
Depuis plus d'une heure ou deux.

GUZMAN.

Ah, ah !

Nous vous tenons dans la nasse :

OLIVETTE.

Oh, parle donc, si tu veux !

GUZMAN.

Air : *Lonlanla derirette*.

Pour tout savoir j'ai des moyens ;
Et pour ce coup-ci, je te tiens,
    Lonlanla derirette,
Comme le rat fait la souris.

OLIVETTE.

Oh, je te mets au pis.

Air : *Le cabaret est mon réduit*.

Tu voudrois en vain m'émouvoir
Avec ta menace équivoque ;
Toute Femme aimant son devoir,
   En le faisant bien, s'en moque,
     En le faisant bien,
     En le faisant bien,
   En le faisant bien, s'en moque.

Alexis Piron

GUZMAN.

Air : *La bonne aventure ô gué.*

Ce que j'ai tant desiré,
L'on me le procure ;
Enfin bientôt je saurai,
Si je suis deshonoré ;
La bonne aventure !
O gué !
La bonne aventure !

Oh ça, ma femme, crois-moi ; prends le bon parti.

Air : *Mordienne de toi.*

Mon front n'a-t-il pas
Eu quelque disgrâce ?[1]
Avoue, en ce cas
Tout de bonne grâce.

OLIVETTE.

Mordienne de toi,
Et de ta menace !
Mordienne de toi !
Que veux-tu de moi ?

GUZMAN.

Air : *Du Fleuve d'oubli.*

Je veux que sans feintise
Tu dises.......

OLIVETTE.

Quoi, bourru, u, u, u, u !
Veux tu que je te dise
Que je t'ai fait cocu, u, u, u, u !
Ou bien, si, pour te complaire,

---

[1] Allusion au thème des cornes que nous avons déjà rencontré dans *L'Antre de Trophonius*.

Le Faux-Prodige

> Tu veux que j'aille, di ;
> Biribi,
> Te le faire,
> Te le faire ?

(*en fureur*).

Non, Monsieur, non ; je suis une brave femme, entendez-vous ? Preuve de cela, c'est que voilà une paire de souflets que j'ai l'honneur de vous appliquer, & qui seront suivis de mille autres, si vous doutez encore un moment de ma vertu.

GUZMAN.

Fort bien.

> Air : *Du bon branle.*
>
> Cette douceur que je te voi,
> Qui t'est si naturelle,
> Prouve quelque chose pour toi.
> Je me moquois ; vas je t'en croi,
> Tu m'as été fidelle.
> Pour t'appaiser, apprends de moi
> Une bonne nouvelle.

OLIVETTE.

Quelle nouvelle ?

GUZMAN.

> Air : *Lanturelu.*
>
> C'est une nouvelle
> Qui met à quia,
> L'espèce fémelle.[1]
> L'on distinguera
> La femme fidelle
> De la femme d'un cocu.

---

[1] La réduit à ne pas pouvoir répondre.

ALEXIS PIRON

OLIVETTE.

Lanturelu, lanturelu, lanturelu.[1]

Que nous vient-il conter avec ses visions ?

GUZMAN.

Eh, oui, oui, des visions ! Nous disions d'abord comme toi.

Air : *Attendez-moi sous l'orme.*

Pour nous fermer la bouche
Le Sorcier qui promet
Cette pierre de touche,
Tout devant nous a fait
Prodige sur prodige,
Garants de celui-là.
En un mot, rien, vous dis-je,
N'est plus sûr que cela.

OLIVETTE.

Et qu'est-ce que c'est que cette pierre de touche ?

GUZMAN.

C'est une robe couleur de feu, brodée par le Diable.

Air : *Je ne suis pas si Diable.*

Mais qui ne paroît telle
Qu'à ceux qui sont....

OLIVETTE.

Eh quoi ?

GUZMAN.

Frères d'une Pucelle,
Ou maris tels que moi :

---

[1] L'édition de Rigoley écrit systématiquement le refrain de ce vaudeville de cette manière, mais dans l'anthologie de Lesage et d'Orneval nous trouvons toujours « Lanturlu, lanturlu, lanturlu ». C'est seulement quand le refrain est écrit de cette manière-ci que les paroles correspondent au rythme de l'air.

LE FAUX-PRODIGE

Gens de toute autre espèce
N'y verront que du noir.

OLIVETTE, *d'un air menaçant*.

Qu'on ait la hardiesse
De l'aller voir,
De l'aller voir.

Et que je le sache.

GUZMAN.

Pourquoi donc ? Serois-tu fâchée de me voir convaincu de ta fidélité ?

OLIVETTE.

Oui, sur tout autre témoignage que sur le mien.

Air : *Je ne suis né ni Roi ni Prince*.

Mari, qui sur ces fariboles,
Ne s'en tient pas à nos paroles,
Mériteroit bien de se voir
Pourvu des noms qui l'effarouchent ;
Et le mériter, & l'avoir,
Sont ici deux points qui se touchent.

GUZMAN.

Tu fais plus la méchante que tu ne l'es. Je verrai le rouge & la broderie malgré toi. Adieu. Je cours avertir tous nos Voisins d'un si beau secret.

Air : *Ah, que Colin l'autre jour me fit rire !*

L'on connoîtra ceux de la confrairie.[1]
J'en sais plus d'un, qui, de la broderie
Ne verra que le canevas,
Ah, ah, ah, ah, ah, &c.

---

[1] C'est-à-dire la confrérie des cocus.

OLIVETTE, *seule, après avoir rêvé un moment en se mordant les doigts.*

Et moi je cours animer les Voisines, à venir mettre en pièces, avec moi, l'homme de la maudite robe dont on nous menace.

SCÈNE VI.

ISABELLE, D. ELVIRE, OLIVETTE.

OLIVETTE, *continuant, en s'adressant à Elvire & à Isabelle.*

Air : *Aux armes, Camarades.*

Aux armes, filles, femmes !
Secondez mon dessein,
Peuple féminin.
Aux armes, filles, femmes !
Mesdames, sonnons le tocsin.

Ah, Madame Elvire ! ah, Madame Isabelle ! tout est perdu ! tout est perdu !

ELVIRE.

Qu'est-ce que c'est, Olivette ? Te voilà donc bien alarmée ?

OLIVETTE, *crie.*

Air : *O reguingué, ô lonlanla.*

A l'aide ! main-forte ! au secours !
Un Sorcier, l'horreur de nos jours,
Va découvrir tous nos bons tours !
Toutes subtilités sont vaines ;
L'on saura toutes nos fredaines !

ELVIRE.

Air : *Tes beaux yeux, ma Nicole.*

Tout-à-l'heure, Isabelle
Et moi, nous en parlions ;
Et de cette nouvelle
Nous nous entretenions.

OLIVETTE.

Prévenons cette injure,
Et, d'un monstre importun,
Délivrons la Nature ;
C'est l'intérêt commun.

ELVIRE.

Je vous avoue aussi, ma chère Isabelle, que cette robe m'inquiète. Je vous en ai dit la raison.

ISABELLE.

Air : *Lampons, lampons.*

Elvire, vous avez tort,
De vous alarmer si fort.

ELVIRE.

Hélas ! ma chère Isabelle,
Ma crainte est si naturelle !

ISABELLE.

Non, non,
Non, non,
Vous n'avez point de raison.

OLIVETTE.

Comment, mort-non-pas de ma vie ! point de raison.

Air : *De nécessité nécessitante.*

De nécessité nécessitante,
Encore que le Diable nous tente,
Bon-gré mal-gré falloit être sage,
Madame a raison, quand elle enrage.

ELVIRE.

Tout doucement Olivette, vous m'interprêtez mal. Je crains que la robe ne soit noire à toute épreuve ; & que la broderie, qui ne se laisse voir qu'à de certaines personnes, ne soit une franche imposture. En ce cas, voici mon inquiétude.

ALEXIS PIRON

Air : *Je ne suis né ni Roi, ni Prince*.

Dom Pèdre aussi-bien que mon frère,
Peut ajouter foi toute entière
A ce que dit Balivernos ;
Je crains, en fille raisonnable,
Que le prodige ne soit faux.

OLIVETTE.

Et moi, qu'il ne soit véritable.

ISABELLE.

Air : *Vous m'entendez bien*.

Quoi ! s'il étoit vrai, tu craindrois.....

OLIVETTE.

Assurément, je tremblerois.

ELVIRE.

Pour Guzman, ce langage....

OLIVETTE.

Eh bien,

ELVIRE.

N'est pas d'un bon présage,
Vous m'entendez bien.

OLIVETTE.

Et vous m'entendez mal. Quand je dis que je tremblerois ;

Air : *Un certain je ne sais qu'est-ce*.

Non pas pour le passé vraiment :
Mais je vous le confesse,
C'est l'avenir qui m'intéresse.
Car enfin, parlons franchement :
Il prend un certain je ne sais qu'est-ce,
Il est un certain petit moment,

LE FAUX-PRODIGE

(Changement d'air).[1]

Où les femmes, où les femmes, où les femmes....

En un mot, on ne sait ce qui peut arriver ; & je gage, au fond du cœur, que vous en pensez comme moi.

ELVIRE.

Je t'ai dit tout ce que j'en pense. De la charlatanerie, d'un côté ; & trop de crédulité, de l'autre : c'est tout ce que je crains.

ISABELLE.

Air : *Cette guenon que je nourris*.

Et pour moi, qui prends un Amant,
   Plus complaisant,
   Que Dom Fernand ;
Et qui ne juge pas trop bien,
   D'une personne
   Qui nous soupçonne ;
   Je ne crains rien.

Air : *Ce n'est qu'une médisance*.

Car, si le prodige est vrai ;
Du moins ma gloire, à l'essai,
Trouvera son avantage.
S'il est faux ; Léandre est sage,
Sa flamme en profitera :
Dom Fernand perdra courage,
Et Léandre le prendra.

OLIVETTE.

Oh ! nous voici bien. Je crains qu'il ne soit vrai ; vous craignez qu'il ne soit faux ; & vous, vous ne craignez ni l'un ni l'autre.

Air : *Je reviendrai demain au soir*.

Je ne rencontre pas ici
  Des gens de mon parti, *bis*.

---

[1] Piron présume que les paroles vont permettre d'identifier assez clairement l'air prévu.

J'en vais chercher, & j'en aurai,
    Plus que je ne voudrai. *bis.*

SCÈNE VII.

ELVIRE, ISABELLE.

ELVIRE.

Quoi ? vous ne pourriez aller trouver votre frère, avant que le mien lui fît voir cette robe, & le prévenir sur......

ISABELLE.

Non, mon frère est occupé des préparatifs d'une fête ; j'espère peu de le pouvoir joindre à propos. En tout cas, ne vous inquiétez point ; quoi que lui puisse dire Dom Fernand. Dom Pèdre est raisonnable ; il pense de vous comme vous méritez, & ne donnera point à l'étourdie, dans le merveilleux ; soyez tranquille. Adieu.

SCÈNE VIII.

ELVIRE, *seule.*

Hélas !

Air : .....

Tout prêt de goûter la douceur
D'un bien qui le charme,
Qu'un tendre cœur,
D'un prompt malheur,
Aisément a peur !
Une ombre, un rien,
Dans le mien
Jette l'alarme.
L'Amour est un Dieu léger
Autour de qui vole le danger.
Toujours ses ris
Sont suivis
De quelque larme.

Le Faux-Prodige

Plus le calme semble heureux,
Plus on le doit croire dangereux.

SCÈNE IX.

ELVIRE, D. FERNAND.

ELVIRE.

Air : *Dupont mon ami.*

Mon frère, entre nous,
Vous n'êtes pas sage ;
Je crains bien pour vous,
Qu'on ne vous engage
A quelque fâcheux écart,
Dont vous reviendrez trop tard.

Air : *Du Cap de Bonne-Espérance*.

Avec sa robe admirable,
Balivernos m'est suspect.....

D. FERNAND.

De cet homme vénérable
Ne parlez qu'avec respect ;
Non, non, ma sœur, votre frère
N'est pas un visionnaire.
Je doutois : mais j'ai tout cru ;
Quand j'ai vu..... ce que j'ai vu.

ELVIRE.

Air : ....

Vous offensez Isabelle,
Qui, quelque jour, peut savoir
Ce que vous soupçonnez d'elle,
Et c'est pour vous en vouloir.

D. FERNAND.

L'épreuve est trop de saison pour ne la pas faire.

ALEXIS PIRON

Air : *Vous parlez Gaulois*.

Si c'étoit déjà mon Épouse,
Peut-être mon ame jalouse,
  Ne la feroit pas ;
  Ne la feroit pas,
Mais près de l'être, c'est de faire
Une épreuve si nécessaire,
  Justement le cas,
  Justement le cas.

ELVIRE.

Et moi, mon avis seroit.....

D. FERNAND, *d'un air austère*.

Air : *Tarare pompon*.

Craignez-vous que la robe à mes yeux ne soit noire ;
Est-ce Isabelle, ou vous, pour qui vous remontrez ?
  Servez mieux votre gloire.

ELVIRE.

Mais si.....

D. FERNAND.

Elvire, vous m'outrez !
Et vous me feriez croire......
  Rentrez !
(*Elle sort*).

SCÈNE X.

D. FERNAND, *seul*.

Charmante Isabelle ! pardonnez ce desir curieux aux égaremens d'un cœur passionné !

LE FAUX-PRODIGE

Air : *Pour la Baronne.*

La Jalousie,
Contre vous me fait trop oser !
Mais mon amour me justifie.
Un tendre excès doit excuser
La jalousie.

Je sens toutefois une certaine repugnance à risquer l'épreuve de cette robe ! hélas ! une douce illusion ne vaudroit-elle pas mieux qu'un éclaircissement qui peut m'être mortel ! (*Il rêve profondément sur le devant du théâtre, tandis qu'Arlequin tire, de la maison prochaine, les Danseurs qu'il y avoit mis, & les disperse, à la muette, sur les ailes du théâtre*).

SCÈNE XI.

D. FERNAND, ARLEQUIN.

D. FERNAND, *se croyant toujours seul*.

Air : *L'autre nuit, j'apperçus en songe*.

Non ! je tremble en vain à l'approche
De la terrible vérité ;
Et de ma curiosité,
Je me fais en vain un reproche :
Je sens, malgré moi, que mon cœur
Craint moins le trépas que l'erreur.

(*Appercevant Arlequin*).

Ah, Seigneur Balivernos ! de quel doute allez-vous me tirer !

ARLEQUIN.

Air : *Mordienne de toi*.

Écoutez, Seigneur,
Avant toute chose,
Que d'aucun malheur
Je ne sois la cause !
Dom Balivernos
Au moins présuppose.....

ALEXIS PIRON

D. FERNAND.

Soyez en repos,
Changeons de propos.

ARLEQUIN.

Non pas, non pas, s'il vous plaît, ceci est sérieux.

Air : *Zon, zon, zon.*

Dom Fernand, par hasard,
A-t-il une compagne ?
Point de coups de poignard ;
Car, je sais qu'en Espagne,
Et zag, zag, zag.....

Diable, depuis le meurtre de Messaline,[1] dont je fus cause innocente, en montrant ma robe à l'Empereur Claudius, j'ai juré.....

D. FERNAND.

Comment donc, Seigneur, il y a quinze ou seize cents ans de ce que vous dites là ! Étiez-vous au monde alors ?

ARLEQUIN.

Poue ! il y avoit dix ou douze siècles que j'étois majeur. J'ai près de trois mille ans, tel que vous me voyez. Je ne vous avois pas dit cela !

D. FERNAND.

Non. Trois mille ans ! Cela est admirable !

ARLEQUIN.

Je naquis en Grece, pendant le siège de Troye, où mon père étoit allé.

D. FERNAND.

Oui-dà ?

---

[1] Troisième épouse de l'empereur Claude et mère de Britannicus. Elle avait une réputation de voracité sexuelle, et, accusée de comploter contre l'empereur avec son amant, essaya de s'échapper à l'arrestation en se suicidant, mais fut tuée par un soldat.

LE FAUX-PRODIGE

ARLEQUIN.

Balivernos, que vous croyez peut-être un nom Espagnol, est un nom en *os*, de l'ancienne Grèce ; comme Tenedos, Lemnos, Lesbos, Argos.

D. FERNAND.

Effectivement.

ARLEQUIN.

Je suis fils d'un Caporal Grec ; & ma mère me mit au monde, jour pour jour, dix ans après le départ de mon père.

D. FERNAND.

Dix ans ?

ARLEQUIN.

Oui. Cette grossesse de dix ans donna de grands soupçons contre la conduite de ma mère.

D. FERNAND.

Je le crois bien.

ARLEQUIN.

Oh, crac, d'abord ! Voilà mes gens soupçonneux. Vous croyez fort mal. Est-ce trop que dix ans ? & une mère ne portera-t-elle que neuf mois, un fruit qui doit vivre trois ou quatre mille ans ?

D. FERNAND.

Vraiment, j'ai tort ; vous avez raison.

ARLEQUIN.

Au reste, comme la naissance des rares Personnages est toujours accompagnée de quelque événement singulier ; on a remarqué, qu'au même instant que je sortois du ventre de ma mère, mon père entroit dans le ventre du cheval de Troye ; & cette rencontre de ventre, fit dire aux Tireurs d'horoscopes, que je serois fort sujet à mon ventre ; & en effet,

Alexis Piron

Air : *Nannon dormoit.*

Dès le matin,
Sitôt que je m'éveille,
Je veux du vin :
Mais du vin d'une oreille.[1]

D. Fernand.

J'en ai chez moi de bons.

Arlequin.

Allons, allons,
Allons boire bouteille, allons.

D. Fernand.

Tantôt, tantôt ; revenez à votre robe, & montrez-la-moi. Et soyez sûr que ce n'est ni pour une sœur, ni pour une femme que j'en veux faire l'épreuve.

Arlequin.

Oh ! mais, tant-pis.

Air : *Pierre Bagnolet.*

Car on ne voit, quoi que l'on fasse,
Sans l'un ou l'autre, que du noir.

D. Fernand.

Montrez-la-moi toujours, de grâce,
Je vous dis que je la veux voir !
Je la veux voir !
Je la veux voir !

Arlequin.

Mais vous ne verrez que la place.

D. Fernand.

Peut-être ; c'est un à-savoir.

---

[1] Phrase qui signifie « bon vin ». Le goût du vin est typique d'Arlequin, et normalement il serait moins difficile.

ARLEQUIN.

Ah ! vous le prenez sur ce ton-là ! vous en allez être convaincu. (*Il déploie la robe, & Dom Fernand demeure tout étonné & très-affligé de ne voir que du noir.*)

D. FERNAND.

Quoi ! c'est-là du[1] couleur de feu !

ARLEQUIN.

Le plus beau ponceau du monde.

D. FERNAND.

Et il y a là de la broderie ?

ARLEQUIN.

La plus belle & la plus riche qu'on puisse imaginer. S'il y avoit ici quelque frère, ou quelque mari, comme il me les faut, vous verriez, vous verriez ce qu'il en diroit. Mais, quand je vous dis que ce n'est pas pour vous que ces raretés-là sont visibles ?

D. FERNAND.

Malheureuse Elvire ! ô sœur indigne de moi !

ARLEQUIN.

Dès que vous n'avez point de sœur, & que vous êtes curieux, croyez-moi :

Air : *J'en ris comme elle.*

Pour pouvoir d'un si beau trésor
Être témoin fidèle,
Mariez-vous, comme un Milord,
A quelque jouvencelle
De bas âge, & qui soit encor
A la mammelle.

D. FERNAND.

D. Balivernos, il me faut rendre un service. Êtes-vous discret ?

---

[1] L'emploi du masculin signifie non pas la couleur elle-même, mais ce qui est de cette couleur.

Alexis Piron

ARLEQUIN.

Oui ; parlez.

D. FERNAND.

J'épouse, tout-à-l'heure, une jeune personne, & je vous avouerai une chose.

Air : *Le branle de Metz.*

Son frère, qui la gouverne,
Reçoit chez lui quelque-fois,
Certain Cavalier François....

ARLEQUIN.

C'en est assez, je discerne,
Et je devine cela ;
Ce Cavalier vous lanterne ;
Il est François ; vous voilà
Au fait de ces Messieurs-là.

Air : *Des Feuillantines.*

On ne peut les heberger,
Sans danger,
Dans le pays étranger ;
C'est là leurs grandes manies,
De planter (*bis*) des colonies.

D. FERNAND.

Je tiens nos femmes & nos sœurs très-mal en sûreté, où ils sont.

ARLEQUIN.

Air : *Larira.*

Vous avez raison, la Plante ;
Ils sont tous sur ce ton-là, larira.

Après tout, ils ne font à autrui que ce qu'ils veulent bien qu'on leur fasse.

LE FAUX-PRODIGE

Air : *Ma raison s'en va beau train.*

Quand je fus chez eux aussi,
Montrer cette robe-ci ;
Frères et maris,
Sur-tout à Paris,
La virent tout unie ;
Presque personne, en ce pays,
Ne vit ma broderie,
Lonla,
Ne vit ma broderie.

D. FERNAND.

Oh çà, vous comprenez donc à présent mon dessein, qui est de faire voir cette robe au frère de ma Maîtresse.

ARLEQUIN.

Bien avisé ! Vous saurez par-là que penser de la sœur.

Air : *Les Amours triomphans.*

Je vous en suis garant ;
Car si ce frère,
De la robe ignorant
Tout le mystère,
La trouve toute noire,
L'innocent vous l'avouera :
Alors, preuve notoire,
Que notre François aura,
Talera, &c.

Qu'est-ce que c'est ; vous voilà tout pensif ? Voudriez-vous de moi quelque nouveau prodige, qui vous ?....

D. FERNAND.

Ah ! je ne suis que trop convaincu de votre......

ARLEQUIN.

Non pas pour vous vouloir persuader ; mais pour vous amuser dans vos rêveries amoureuses.

D. FERNAND.

Volontiers.

Alexis Piron

ARLEQUIN.

Je vais faire tomber des nues un divertissement.

Air : *Ho ! ho ! tourelouribo.*

Dom Balivernos a votre affaire,
Ho ! ho ! tourelouribo.
A moi, Peuple élémentaire !
Ho ! ho ! tourelouribo !

(*Les Danseurs paroissent.*)

Chantez, dansez, pour me plaire,
Ho ! ho ! ho ! tourelouribo !

Air : *Du Tapedru.*

Bluâtre Ondain,[1]
Que le corps vous frétille
Plus dru qu'une anguille !
Gnome souterrain,
Bondissez comme un daim !
Sylphe,[2] imitez,
A chaque capriole,[3]
Un balon qui vole !
Salamandre,[4] ayez
Le feu dessous les pieds.

Danse d'Esprits élémentaires.

ARLEQUIN.

Quelque petite maxime d'Opéra maintenant.

---

[1] Génie élémentaire de l'eau ; normalement « ondin ».

[2] Esprit de l'air.

[3] Un saut agile; normalement « cabriole », bien que la forme adoptée par Piron souligne le lien avec le mot latin « capra », et donc le sens étymologique : « saut de chèvre ».

[4] La salamandre mythique est née dans les flammes.

Le Faux-Prodige

UNE NYMPHE.

Air : *Musique de M. R.*[1]

Dans la flamme & les airs, sous la terre & dans l'onde,
L'Amour vole indifféremment ;
Cet aimable maître du monde,
Est par-tout dans son élément.
Il suit le Cyclope horrible
A l'entour de ses fourneaux ;
La Nymphe inaccessible,
Jusque sous les eaux ;
Le Buveur insensible,
Au fond des caveaux ;
Et l'oiseau paisible
Aux nids les plus hauts.
Dans la flamme & les airs, sous la terre & dans [l]'onde,[2]
L'Amour vole indifféremment ;
Cet aimable maître du monde,
Est par-tout dans son élément.

La Danse recommence.

VAUDEVILLE.

Plaire à qui sait nous charmer,
Est des biens le moins frivole ;
Avec l'heureux temps d'aimer,
Le temps des plaisirs s'envole :
Vivons & mourons, en aimant,
La tendresse est notre élément.

POUR UNE SYLPHIDE.

Vous, dont l'amour turbulent,
Comme l'air, est plein d'orages,
D'un doux raccommodement,
Vous avez les avantages.

---

[1] Jean-Philippe Rameau.

[2] Rigoley : « dans 'onde ».

Vous, vivez toujours en aimant,
La tendresse est votre élément.

SCÈNE XII.

ARLEQUIN, D. FERNAND.

ARLEQUIN.

Eh bien, que dites-vous de cela ?

D. FERNAND.

Que vous êtes, en effet, un homme extraordinaire.

ARLEQUIN.

Je vais maintenant satisfaire la curiosité de plusieurs gens de la ville & de la campagne, qui m'attendent avec la plus grande impatience, pour voir ma robe merveilleuse. Adieu.

Fin du premier Acte.

ACTE II.

SCÈNE PREMIÈRE.

D. FERNAND, ARLEQUIN.

ARLEQUIN.

Air : *La verte jeunesse*.

Quelle moquerie !
A la ville, aux champs,
Pour ma broderie
Point d'yeux clairvoyans !
Si riche & si belle,
Parmi les humains,
Ne trouvera-t-elle
Que des Quinze-vingts ?[1]

D. FERNAND.

Patience aussi ; vous ne la venez de montrer encore qu'au frère d'une fille-de-chambre, & qu'au mari d'une jolie Limonadière : que voulez-vous qu'ils y vissent ? Sont-ce là des gens dans le cas d'en juger ?

ARLEQUIN.

Amenez-m'en donc.

D. FERNAND.

Mon valet Guzman va venir.

Air : *Zeste, zeste, zeste*.

Il en jugera bien ;
Car sa femme est fort sage :
Tout du moins son langage,
Son geste, son maintien,

---

[1] Des aveugles ; du nom de l'hôpital des Quinze-Vingts qui accueillait les aveugles en détresse de Paris.

Et son dehors modeste,
Semblent répondre de cela.

ARLEQUIN.

Et zeste, zeste, zeste !
Cette robe découvrira
Bientôt le reste.

D. FERNAND.

Bon, le voici. Déployez votre robe, & voyons ce qu'il en dira.

SCÈNE II.

D. FERNAND, GUZMAN, ARLEQUIN.

ARLEQUIN, *dépliant sa robe, & l'exposant comme un tableau de Chantre du Pont-Neuf, dit, pendant qu'il plante le bâton :*[1]

Air : *La beauté, la rareté, la curiosité.*

Vienne voir qui pourra de ma robe nouvelle
La beauté !
C'est le droit du garçon dont la sœur est pucelle,
La rareté ;
Ou de l'heureux époux dont la femme est fidelle,
La curiosité.

GUZMAN.

Air : *Des fraises.*

La mienne ne triche pas.

ARLEQUIN.

Nous allons le connoître.

---

[1] Le Pont-Neuf était le lieu traditionnel pour chanter et vendre les chansons satiriques. Il s'agit sans doute d'une sorte de tableau publicitaire attaché sur un bâton, comme Arlequin attache ici sa robe, et qui serait tenu par le chanteur pour se faire connaître et attirer le public.

LE FAUX-PRODIGE

GUZMAN.

Je verrai le canevas
Tout brodé du haut en bas.

ARLEQUIN.

Peut-être, peut-être, peut-être.

GUZMAN.

Air : *Talaleri, talalerire.*

Parbleu, mettez de la partie
Ce bon mari qui passe-là.
A l'aspect du noir, je vous prie,
Voyons un peu ce qu'il dira ;
A ses dépens nous allons rire.

ARLEQUIN.

Volontiers.

GUZMAN.

Talaleri, talaleri, talalerire.

Air : *Belle Brune.*

Lazarille, Lazarille !

SCÈNE III.

D. FERNAND, LAZARILLE, ARLEQUIN, GUZMAN.

LAZARILLE.

Quoi ? qu'est-ce ? A brailler si fort
Qui diable ainsi s'égosille ?

GUZMAN.

Lazarille !
Lazarille !

ALEXIS PIRON

Air : *Réveillez-vous, Belle endormie.*

Je ne veux pas qu'on te dérobe,
Le plaisir de considérer,
Les raretés de cette robe
Qu'on a promis de te montrer.

LAZARILLE.

Air : *Turelututu rengaine.*

Voyons donc cette Simarre,[1]
Si rare, si rare,
Dont l'on fait tant de fanfare.

ARLEQUIN.

Ce n'est pas sans raison.

Air : *Amis, sans regretter Paris.*

La broderie assurément
Est toute des plus belles.

GUZMAN.

Montrez, montrez-nous seulement,
J'en dirai des nouvelles.

ARLEQUIN.

Même air.

Mon ami, vous couchez gros jeu ;
Car peu de gens l'ont vue.

GUZMAN.

Montrez, vous dis-je.... Ah, ventrebleu !

(*Arlequin déploie là sa robe tout-à-coup.*)

Aurois-je la berlue ?

(*Il se frotte les yeux.*)

---

[1] Robe portée par un président ou un prélat dans les situations informelles.

Le Faux-Prodige

ARLEQUIN.

Air : *De quoi vous plaignez-vous ?*

Vous vous frottez les yeux ;
Vous voyez tout noir, je gage :
Vous vous frottez les yeux,
Et n'en voyez pas mieux.

GUZMAN, (*tout bas.*)

Il a raison, dont j'enrage.

(*haut.*)

Vous vous trompez, mon ami ;
C'est qu'un si bel ouvrage
M'a d'abord ébloui.

(*à part.*)

Ah, la Carogne !

ARLEQUIN, *à part.*

Il le prend bien ; profitons-en. (*haut.*) Oh ça, vous voyez donc la broderie & le couleur de feu ?

GUZMAN.

Si je les vois ? assurément. Et qui est-ce qui ne les verroit pas ?

LAZARILLE.

Ma foi, c'est moi ?

D. FERNAND (*à part.*)

Que je suis à plaindre ! ô Elvire ! Elvire !

GUZMAN.

Je ne puis me lasser de l'admirer. (*bas.*) La Chienne !

ARLEQUIN, *à part.*

L'impudent ! (*haut.*) Remerciez bien votre femme.

ALEXIS PIRON

Air : *Ma Sœur, je vous félicite.*

Ami, je vous félicite ;
Voilà sa vertu dans son jour.
Oh çà, soyez donc dans la suite,
Sûr de son tourelour, tourelour,
De son tendre & fidèle amour.

GUZMAN.

Grâce au Ciel ! je sais maintenant à quoi m'en tenir.

ARLEQUIN.

Eh bien, que dites-vous de cette robe ? Croiriez-vous qu'elle paroît noire à bien des gens ?

GUZMAN.

Air : *Ce n'est qu'une médisance.*

Quoi ! ce ponceau merveilleux,
Seroit noir à bien des yeux ?
Ce n'est qu'une médisance.

LAZARILLE.

Au fond, comme en apparence,
Noir il a toujours été,
L'est, & le sera, je pense ;
C'est la pure vérité.

ARLEQUIN *à Guzman.*

(*Arlequin rit, en montrant du doigt Lazarille, qui rit aussi du bout des dents.*)][1]

Et de la broderie, qu'en dites-vous ? heim !

---

[1] Rigoley : « *dents.*/Et ».

Le Faux-Prodige

GUZMAN *s'écrie.*

Air : *Pour la Baronne.*

Ah ! qu'elle est belle !

LAZARILLE.

Par la sambleu ! vous avez tous
Perdu, je pense, la cervelle.

GUZMAN, *à D. Fernand.*

Et vous, Monsieur, qu'en dites-vous !
(*Montrant du bout du doigt un endroit de la robe.*)

Ah ! qu'elle est belle !

Air : *Carillon de Nantes.*

Ce bouquet
Est parfait !

D. FERNAND.

Je me tais ; mais, en secret,
J'enrage !
J'enrage !

LAZARILLE.

Air : *Il faut que je file, file.*

Heureux Mortels que vous êtes,
De voir ce qu'on ne voit pas !

GUZMAN.

C'est qu'il est si peu de têtes,
Si peu de maris, hélas !
Qui ne soient pourvus d'aigrettes ![1]

---

[1] Comme en français moderne, un bouquet de plumes d'aigrette pour orner un chapeau ou un casque, mais il s'agit d'une autre allusion aux cornes du cocu.

Alexis Piron

ARLEQUIN.

    Et vous êtes dans le cas,
    Heureux Mortels que vous êtes,
    De voir ce qu'on ne voit pas !

Oh çà, je vais maintenant vous expliquer les histoires que vous voyez représentées sur cette robe. Comme elle sert de clef à l'histoire secrète des maris, on a pris plaisir d'y peindre les espiégleries de quelques femmes.

Air : *des Pendus.*

(*Arlequin montre, avec une baguette, sur la robe.*)

    Vous voyez-là, premièrement,
    L'histoire d'un grand accident,
    A l'encontre d'un Commissaire,
    Qui, comme il advient d'ordinaire,
    Met la police chez autrui,
    Et ne la peut mettre chez lui.

LAZARILLE, *tirant ses lunettes & les mettant.*

Qui diantre ; cela seroit-il comme il le dit ? Attendez donc que je prenne des lunettes ; car, au diable si j'y vois rien.

GUZMAN, *à part.*

Je n'y vois pas davantage que ce vieux cocu-là. (*haut.*) Après, Seigneur Balivernos, après ! Contez-nous-çà, contez-nous-çà, de ce Commissaire.

ARLEQUIN.

Air : *Je ne suis né ni Roi, ni Prince.*

    Voyez, tandis qu'il fait en maître,
    Jetter ici par la fenêtre,
    Les meubles d'un Tendron dolent,
    Les siens, chez lui, saisis d'emblée,
    Par cet Huissier, nommé Galant,
    A qui l'on donne main levée.

Le Faux-Prodige

GUZMAN.

Hélas ! les pauvres maris ne sauroient être par-tout ! (*à part.*) Ouf ! je crève !

LAZARILLE, *essuyant ses lunettes.*

Eh, mais ! je suis donc aveugle ? (*Il les remet*)

ARLEQUIN, *à D. Fernand.*

Ah, Seigneur ! quel dommage que vous n'ayez point de sœur !

GUZMAN.

Qui vous dit que le Seigneur Dom Fernand.......

D. FERNAND.

Te tairas-tu ?

GUZMAN, *à part.*

C'est-à-dire qu'Elvire ne vaut pas mieux que ma femme.

ARLEQUIN, *continuant de montrer.*

Air précédent.

    Voyez là cet époux honnête,
    Chez qui ce grand repas s'apprête,
    Qui prend ses gants & son manteau,
    En faveur de ce bon apôtre,
    Celui qui donne le cadeau,
    Qui vient de quitter l'un & l'autre.

GUZMAN, *à Lazarille.*

(*Sur le ton des deux derniers vers.*)

Ami, voilà votre tableau ;
Cette histoire est toute la vôtre.

LAZARILLE.

Air : *Amis, sans regretter Paris.*

Je ne sais qu'en penser pourtant.

GUZMAN.

    Vas, tais-toi, pauvre bête,

ALEXIS PIRON

LAZARILLE.

Les cornes, en les écoutant,
    M'en viennent à la tête.

GUZMAN.

Elles y étoient bien toutes venues auparavant.

ARLEQUIN.

Air : *Peuple infidèle & barbare.*

Voyez ce Juge à l'auditoire,
Qu'une Belle serre de près ;
Par un Arrêt contradictoire,
Il lui fait gagner son procès :
Tandis que, sans savoir un mot
    De droit ni de chicane,
Sa femme chez lui, par défaut,
    En secret le condamne.

LAZARILLE, *serrant ses lunettes, au Parterre.*[1]

Air : *Pierre Bagnolet.*

Y voyez-vous donc quelque chose ?
Messieurs, parlez de bonne-foi ?
Le croirai-je ? ou s'il en impose ?
Du noir est tout ce que je voi !

GUZMAN, *lui touchant sur la tête.*[2]

    Oh, je le croi !
    Oh, je le croi !

LAZARILLE.

Pourquoi donc, s'il vous plait ?

---

[1] L'adresse directe au public, bien que fréquente dans la farce, est assez rare dans l'opéra-comique (mais voir ci-dessous). Voir Derek Connon, « Scène et salle dans le théâtre forain », dans *Scène, salle et coulisse au XVIIIe siècle*, éd. Pierre Frantz et Thomas Wynn (Paris : PUPS, 2011), p. 59-68.

[2] Autre allusion aux cornes.

GUZMAN.

> Pour cause
Que ta femme sait mieux que toi.

LAZARILLE.

Oh, je m'impatiente à la fin de tout ceci, & je suis las de voir que je ne vois rien.

(*Il s'en va.*)

SCÈNE IV.

D. FERNAND, GUZMAN, ARLEQUIN.

GUZMAN.

Comment y verroit-il quelque chose, quand il a des cornes qui crèvent les yeux à tout le monde, & qu'il n'en voit rien lui-même.

ARLEQUIN.

Air : *J'en avons tant ri*.

Il est de ces gens tant et plus ;
J'en avons tant vus.
A quoi rêvez-vous là-dessus ?

GUZMAN.

Peste soit la pécore !

ARLEQUIN.

J'en avons tant vus !
J'en verrons bien encore !

GUZMAN.

Poursuivez, poursuivez, Seigneur Balivernos ; & dites-nous un peu (*marquant un endroit de la robe*) ce que cela représente. Voilà un homme d'une plaisante figure.

ARLEQUIN, *bas*.

Je vais payer ton effronterie. (*haut.*) Cet homme-là fait (*de telle ou telle façon ; il dépeint Guzman.*)

GUZMAN, *à part*.

Cela me ressemble.

ARLEQUIN.

Air : *M. le Prévôt des Marchands*.

C'est un des plus prudens maris,
Qui, comme un autre, s'y voit pris ;
Mais qui, dans son malheur, est sage ;
Et qui, loin de jeter son feu,
Prenant la chose avec courage,
Fait bonne mine à mauvais jeu.

GUZMAN, *embarrassé*.

Oui dà ? Et cette femme ?

ARLEQUIN.

Quelle femme ? C'est un moulin-à-vent, que vous me montrez.

GUZMAN.

Eh, oui ; ce moulin-à-vent ? c'est ce que je voulois dire. J'ai si fort ma femme en tête que..... (*bas.*) Ah, la guenon ! nous compterons ensemble tantôt.

D. FERNAND, *à part*.

Je ne puis plus me contenir, Seigneur Balivernos ; repliez cette robe, & rentrons.

SCÈNE V.

D. FERNAND, ARLEQUIN, OLIVETTE, GUZMAN.

OLIVETTE.

Ah ! ah ! je vous y attrape donc, Monsieur le pendard.

Air : *Le fameux Diogène*.

Quoi, malgré ma défense,
Vous avez l'impudence
D'aller au Charlatan ?

LE FAUX-PRODIGE

(*à Arlequin.*)

Et toi, maudit Satyre,
Donne que je déchire,
Ta robe de Satan.

GUZMAN.

Elle me querellera encore !

ARLEQUIN, *froidement.*

Qui est cette femme-là ?

GUZMAN.

C'est mon honnête épouse.

ARLEQUIN.

Comment, Madame ; mais, vous n'y pensez donc pas ?

Air : *M. Charlot.*

Quand votre époux
Voit la robe brodée,
Qui confirme l'idée,
Qu'il avoit de vous ;
Quand, grâce à nous,
Votre sagesse éclatte
Sous les yeux de tous ;
Vous nous grondez ?
Vous êtes une ingratte.

OLIVETTE, *étonnée.*

Vous me confondez.

D. FERNAND.

Reste de l'air de M. Charlot.

Oui, charmante Olivette,
Cette robe, à nos yeux,
De la vertu parfaite,
Par un trait merveilleux,
Vient de rendre un sûr témoignage ici.

ALEXIS PIRON

ARLEQUIN.

Voilà le grammerci.

D. FERNAND, *à Guzman.*

Air : *Si dans le mal qui me possède.*

Tu la croyois déjà fidelle ;
T'en voilà plus sûr maintenant.
Si tu l'aimois auparavant,
Guzman, que ton respect pour elle,
Et tes feux redoublent encor.
Aime-la bien ; c'est un trésor.

ARLEQUIN, *en s'en allant, à Guzman.*

C'est un trésor ! un trésor !

SCÈNE VI.

GUZMAN, OLIVETTE.

GUZMAN, *après avoir considéré quelque temps sa femme, en silence.*

Eh bien, Monsieur[1] le Trésor, qu'est-ce que c'est ? vous ne dites mot ?

Air : *Lanturelu.*

Quelle est donc, m'Amie,
Ta réflexion ?
Tu parois ravie
D'admiration !
Et tout ahurie
D'ouir vanter ta vertu.

OLIVETTE.

Lanturelu, lanturelu, lanturelu.

On ne dit rien qui m'étonne.

---

[1] Forme d'adresse inspirée par le genre du nom plutôt que par le sexe d'Olivette.

LE FAUX-PRODIGE

Air : *Vous qui vous moquez par vos ris*.

Mais c'est que tes doutes pour moi,
Ne sont pas des risées ;
Et que j'enrage, quand je voi
Mes plaintes méprisées.
Tu m'ajoutes donc moins de foi
Qu'à des billevezées.

GUZMAN.

Billevezées ! Oh, je ne prends pas ceci pour des billevezées, moi.

OLIVETTE.

Vas, je les méprise trop, pour m'en prévaloir. Tiens, ton Balivernos est un fourbe honnête, qui flatte agréablement ses dupes. Il leur fait accroire que sa broderie n'est visible qu'à ceux à qui l'on voudroit ressembler ; Galbanon.[1] Sa robe sera une robe ordinaire ; & sa broderie également invisible[2] à tout le monde.

GUZMAN.

La règle n'est pas si générale que je n'y sache plus d'une exception. Oh, que non ! tout le monde n'a pas le privilége de voir la broderie.

OLIVETTE.

Je gage que si.

Air : *Quand le péril est agréable*.

Ton sentiment n'est pas le nôtre ;
Oui, le mari d'une Albreda[3]
Qui danseroit à l'Opéra,[4]
La verroit comme un autre.

---

[1] Normalement « galbanum » ; une espérance ou une promesse fausses ou inutiles.

[2] Erreur apparente : la logique demande « visible », car à ce moment-là Olivette croit que Guzman a vu la broderie, et la réponse de celui-ci, qui précise qu'il y a des gens qui ne l'ont pas vue, la contredit. Qui plus est, quand plus tard elle apprend que Guzman n'a vu que du noir, elle va changer d'avis et conclure à ce moment-là que la robe est peut-être noire pour tout le monde.

[3] Plus fréquemment 'un(e) hallebreda' : personne grande et mal bâtie.

[4] Les danseuses de l'Opéra avaient la réputation d'être de mœurs légères.

GUZMAN.

Vas donc demander, par exemple, à Lazarille, comment il l'a vue.

OLIVETTE.

Quoi ! il l'auroit vue noire ?

GUZMAN.

Comme mon chapeau.

OLIVETTE.

Et toi, brodée ? Oh bien, à la bonne heure : cela me passe ; & j'en reviens toujours à dire, que je veux être crue quand je parle. Entends-tu ?

GUZMAN.

Ah ! ma petite femme, je vous demande bien pardon.

OLIVETTE.

Et je t'avois défendu de tenter cette épreuve-là.

GUZMAN.

Hélas ! je t'assure que j'en ai la mort au cœur.

OLIVETTE.

Et c'est une marque que tu osois avoir encore de mauvais soupçons contre moi.

GUZMAN.

J'avois le plus grand tort du monde assurément.

OLIVETTE, *levant la main*.

Et tu mériterois que je recommençasse à te....

GUZMAN, *froidement*.

Eh, ma femme, tout doucement ! s'il vous plaît. J'ai voulu me satisfaire ; je suis content : je suis cocu ; que je ne sois pas encore battu.

OLIVETTE, *outrée*.

Comment scélérat ! que veut dire ceci ? Songes-tu.....

Le Faux-Prodige

GUZMAN, *perdant contenance.*

Air : *Des Trembleurs.*

Songe toi-même à te taire !
Ne fais pas tant la Mégère !
C'est à moi d'être en colère
De ce que je viens de voir.

OLIVETTE.

Quoi, malgré l'estime, traître,
Que tout à l'heure ton maître
Pour ta femme a fait paroître....

GUZMAN, *crie de toutes ses forces.*

Je n'ai rien vu que du noir !

OLIVETTE, *se mettant à pleurer.*

Oh ! du noir, du gris, du jaune.

Air : *Je reviendrai demain au soir.*

Ayes vu ce que tu voudras !
Je ne m'en dédis pas. *bis.*
Je n'ai que trop fait mon devoir.

GUZMAN.

Je n'ai vu que du noir ! *bis.*

OLIVETTE.

Eh bien, c'est qu'il n'y a peut-être que du noir.

Air : *Voici les Dragons qui viennent.*

Guzman, vous n'êtes pas sage !

GUZMAN.

Non, non, je suis fou,
A t'étrangler dans ma rage,
Si j'en croyois mon courage,
Et moi itou !
Et moi itou !

ALEXIS PIRON

SCÈNE VII.

GUZMAN, ARLEQUIN, OLIVETTE.

ARLEQUIN.

Quel bruit est-ce que j'entends donc ? Qu'est-ce à dire, mon ami, je crois que vous querellez votre femme.

Air : *Y-avance*.

Quoi donc, après vous avoir fait
Expérimenter un secret
Qui démontre son innocence ?

OLIVETTE, *lui donnant un soufflet*.

Y-avance, y-avance, y-avance,
Avec ta belle expérience.

[SCENE VIII.][1]

ARLEQUIN, GUZMAN.

ARLEQUIN.

Ouais ! vous avez là une femme bien acariâtre !

GUZMAN.

Ne savez-vous pas comme les femmes de bien sont faites ?

Air : *Joconde*.

Faut-il que vous vous étonniez
De l'humeur de la Dame ?
Comme si jamais vous n'aviez
Connu d'honnête femme :

---

[1] Rigoley : « expérience./ARLEQUIN ».

C'est un privilège qu'ont eu
  De tout temps les Lucrèces,[1]
D'être, pour prix de leur vertu,
  Un tant soit peu diablesses.

ARLEQUIN.

Il est vrai. Que voulez-vous, mon enfant ?
   Air : *De la Ceinture*.

  La flatteuse, s'en fait conter,
  Et la prude, sans cesse gronde.
  Voilà comme on ne peut goûter
  De parfait bonheur en ce monde.

Heureux du moins d'avoir, de deux choses, la meilleure ! car avouez que c'est un grand soulagement, pour un homme, de dire, & de pouvoir penser : j'ai une honnête femme !

GUZMAN.

Oui.

ARLEQUIN.

Je suis charmé que vous goûtiez ce bonheur-là, & enchanté que j'aie eu celui de vous en procurer la connoissance.

GUZMAN.

   Air : *Vous m'entendez bien*.

  Bien de la grâce. Adieu, Seigneur.
  Je vais apprivoiser l'humeur
   De cette bête fière ;

ARLEQUIN.

   Fort bien.

---

[1] Femme romaine célèbre pour sa vertu, qui se suicida après avoir été violée par Sextus Tarquin. Elle est devenue un symbole de la chasteté.

GUZMAN.

De la bonne manière !
Vous m'entendez bien.

ARLEQUIN, *à part*.

Mieux que tu ne crois. (*haut*). Allez, mon ami, allez, & ne vous y épargnez pas. Comme j'aime les prodiges ; mon grand plaisir, à moi, c'est de voir la paix entre gens mariés. (*seul*) Il y a ma foi bien de la charité de pacifier, comme cela, des ménages. Mais j'apperçois notre amoureux transi, toujours triste & rêveur, à son ordinaire. Il a grand tort.

SCÈNE IX.

LÉANDRE, ARLEQUIN.

ARLEQUIN.

Allons, Monsieur.

Air : *Allons gai*.

Sortez de rêverie ;
Quittez cet air fâcheux.
Point de mélancolie !
Vous êtes trop heureux.
Allons gai, &c.

(*Il veut faire danser son Maître*).

LÉANDRE.

Eh, laisse-moi avec tes saillies à contretemps ! tu vois un homme au désespoir.

ARLEQUIN.

Qu'y a-t-il donc de nouveau ?

LÉANDRE.

Je viens de laisser Dom Pèdre à la porte de Dom Fernand ; l'on va partir pour la cérémonie !

Le Faux-Prodige

Air : *Charmante Gabrielle*.

Ô fortune cruelle !
J'en mourrai.

ARLEQUIN.

Diablezot !

LÉANDRE.

Adieu, chère Isabelle.

ARLEQUIN.

Peste soit du Nigaud !

LÉANDRE.

Cher Arlequin, je cède
    Aux coups du sort.
Dom Fernand la possède !
    Ton maître est mort !

ARLEQUIN.

Avant qu'on vous enterre ; Monsieur, dites-moi une chose ; que vous disoit Dom Pèdre ?

LÉANDRE.

Hélas ! Dom Pèdre me perçoit le cœur, en me témoignant un vrai regret de manquer mon alliance : & pourquoi en suis-je là ? Par une sotte timidité qui m'a fait parler trop tard.

Air : *Joconde*.

J'ai perdu, par ce seul défaut,
    L'objet de ma tendresse !
Hélas ! un jour ou deux plutôt
    J'obtenois ma maîtresse !

ARLEQUIN.

Vraiment, je ne m'étonne point,
    Si la chose vous pique ;

ALEXIS PIRON

Martin pesta, quand pour un point
Il perdit sa bourique.[1]

Remettez-vous ; elle n'est pas perdue.

Air : *Lere la.*

Ma robe y va bientôt pourvoir.

LÉANDRE.

Hé tais-toi, cesse de vouloir
Me repaître d'une chimère !

ARLEQUIN.

Lere la lere lan lere.....

Air : *Non, non, il n'est point de si joli nom.*

L'on gobera la pilule
Ou je ne suis qu'un butor.

LÉANDRE.

De ton projet ridicule
Tu veux que j'espère encor !
Non, non.
Dom Fernand a trop de raison !
Ne le crois pas si crédule.

ARLEQUIN.

Non, non,
Dom Fernand malgré[2] sa raison,
Avalera le goujon.

Vous parlez, vous parlez ; savez-vous où tout en est, pour parler ?

LÉANDRE.

Eh, où tout en peut-il être, que tout ne me soit funeste ?

---

[1] Allusion au proverbe « Faute d'un point, Martin perdit son âne ».

[2] Rigoley : « malgré, sa ».

LE FAUX-PRODIGE

ARLEQUIN.

Air : *Le long deça, le long delà*.

Votre entêtement m'étonne,
Quand on vous dit qu'on vous va
Faire voir votre bec jaune !
Et que Dom Fernand en a,
  Le long deça,
  Le long delà,
  Tout le long de l'aune :
Jamais il n'en reviendra.

LÉANDRE.

Il seroit assez simple.....

ARLEQUIN.

Et comment ne le seroit-il pas, quand tout le monde est d'intelligence, avec moi, pour l'abuser. Guzman, qu'assurément je n'avois pas embouché pour vous faire accroire que sa femme étoit fidelle, a vu par vanité, en présence de Dom Fernand, tout ce que j'ai voulu qu'il vît sur ma robe.

LÉANDRE.

Oui ! cela doit avoir fait un bon effet.

ARLEQUIN.

Et votre rival actuellement la montre à huit ou dix voisins, tant frères que maris, qui nous rendent le même service.

LÉANDRE.

Ils sont donc au fait ?

ARLEQUIN.

Il ne faut point douter que Guzman n'ait jasé. Ils prennent, comme lui, le parti de la discrétion, comme le plus sensé. Il faut les voir & les entendre ! (*il rit*). La belle robe ! Compère, admirez-moi cela ! hein ? Qu'en dites-vous ? Oui, ma foi, voilà de la besogne bien faite ! Seigneur Dom Fernand, envoyez-moi votre Brodeur ! Cependant l'un se gratte à l'oreille ; l'autre au front. Celui-ci grince les dents ; celui-là mord ses pouces ; & je vous garantis plus d'une pauvre femme, qui n'y pense pas, bien étrillée tantôt, de cette affaire là.

LÉANDRE.

Je suis fâché, à travers tout cela, qu'Elvire en souffre, dans l'esprit de son frère.

ARLEQUIN.

Air : *Comment faire ?*

En même temps que je vous sers,
Il est bien vrai que je dessers
Cette sœur auprès de son frère.
Tant pis pour elle ! je voudrois
Contenter tout le monde ; mais
Comment faire ?

Ah ! j'apperçois Dom Pèdre, avec Dom Fernand : la robe est montrée ; profitez-en. Serviteur.

(*Il sort*).

SCÈNE X.

D. FERNAND, habillé comme au commencement, D. PÈDRE, LAZARILLE, LÉANDRE.

D. FERNAND.

Enfin, Dom Pèdre, vous avez donc vu la robe toute noire.

D. PÈDRE.

Et comment donc ?

D. FERNAND.

Adieu, plus d'alliance.

D. PÈDRE, *avec étonnement*.

Plus d'alliance ? Quel discours !

D. FERNAND.

Ma sœur est indigne de vous, & la vôtre n'est digne que de.....

LAZARILLE.

Que diable tout ceci veut-il dire ?

D. FERNAND, *voyant entrer Léandre, continue ce qu'il avoit commencé.*

Que de ce Cavalier françois à qui elle est dûe. (*à Léandre*) Je vous cède Isabelle ; épousez-la, Monsieur ; j'y renonce : & je vous transmets tous les droits que la parole de D. Pèdre me donnoit sur elle.

LÉANDRE.

L'offre est trop agréable, pour ne pas l'accepter ; & pour peu que D. Pèdre y consente.....

D. PÈDRE.

Ah, de tout mon cœur ; allez, Monsieur, allez en porter vous-même la nouvelle à ma sœur. Quel mystère est-ce que ceci ? Sur quoi donc enfin fondez-vous de si étranges soupçons ?

D. FERNAND.

Air : *Je ne suis que sa suivante.*

Sur le témoignage constant
De cette robe, qui m'apprend
Ce que l'ardeur, qui me dévore,
Voudroit que j'ignorasse encore.

LAZARILLE, *à D. Pèdre.*

Entendez-vous quelque chose à tout cela ?

D. PÈDRE.

Pas plus que toi.

D. FERNAND.

Vous aurez peut-être oui parler d'un certain fameux D. Balivernos ?

D. PÈDRE.

D. Balivernos ! non.

D. FERNAND.

C'est un homme extraordinaire, qui, par un secret surnaturel, a su broder une robe, de façon qu'il n'y a que les frères & que les maris, dont les sœurs & les femmes soient sages, qui voient cette broderie. Elle est invisible pour tout autre. Vous avez une sœur aussi bien que moi ; cette robe me paroît noire & toute unie, aussi bien qu'à vous : concluez.

LAZARILLE.

Je conclus à des cornes. Je suis bâté ! Je suis sanglé ![1] ah la masque ! attends ! attends ! je te.....

D. PÈDRE.

Air : *Menuet de M. Granval*.

Calme le courroux qui t'enflamme,

LAZARILLE.

Comme vous en parlez, Seigneur ?
Il s'agit, pour moi, d'une femme ;
Mais, pour vous, ce n'est qu'une sœur.

D. PÈDRE.

Demeure, te dis-je. (*à D. Fernand*) Quoi ! vous êtes assez bons, pour croire qu'il y a sur cette robe une broderie que nous ne voyons pas ?

LAZARILLE.

Pourquoi non, Monsieur ? cette broderie là, quoiqu'invisible, pourroit fort bien être réelle.

Air : *Je ne suis né ni Roi, ni Prince*.

Semblable à ces cornes honnêtes,
Qui s'élevent sur tant de têtes,
Grandes comme des échalas ;
Sont-elles plus en évidence ?
Et parce qu'on ne les voit pas,
Doute-t-on de leur existence ?

---

[1] Dans le sens littéral, le lien entre « bâté » et « sanglé » est évident ; dans le sens figuré, « un âne bâté » est un lourdaud, et on dit de quelqu'un qui a perdu un procès qu'« on l'a sanglé ».

Le Faux-Prodige

D. Fernand.

Et qui vous diroit que Pierrot, dont la femme est vertueuse, & cinq ou six frères plus heureux que nous, viennent de voir cette broderie, invisible à nous seuls ? Que diriez-vous ?

D. Pèdre.

Qu'ils étoient sans doute instruits du secret de la robe, & qu'ils n'ont pas voulu avouer tout haut, ce qu'ils craignoient qui ne les déshonorât.

SCÈNE XI.

D. FERNAND, D. PÈDRE, LAZARILLE, OLIVETTE, GUZMAN.

Olivette.

Air : *A boire, à boire, à boire*.

A l'aide ! à l'aide ! à l'aide !
Le Diable le possède,
De me rouer ainsi de coups !
Peste soit du maudit jaloux !

Guzman, *entrant, un bâton à la main*.

Air : *Je passe la nuit & le jour*.

Me donner un pareil soufflet !
Tenez-la bien que je l'assomme !

Olivette, *se cachant derrière D. Pèdre*.

Messieurs, sauvez-moi, s'il vous plaît,
Des brutalités de cet homme.

D. Pèdre.

Tu n'es qu'un brutal, en effet ;
Voyons, qu'est-ce qu'elle t'a fait ?

Guzman.

Elle m'a fait....
Elle m'a fait....
Je sais bien ce qu'elle m'a fait.

Alexis Piron

D. Fernand.

Air : *Lanturelu*.

Je prétens, sans rire,
Que tu parles net ;
Vîte.

Guzman.

Ah ! quel martyre !
La chienne m'a fait....
Puisqu'il faut le dire....
La chienne m'a fait cocu....

D. Pèdre.

Lanturelu, lanturelu, lanturelu.

Olivette.

Air : *Vraiment, ma Commère*.

En es-tu bien averti ?

Guzman.

Vraiment, ma commère, oui.

D. Fernand.

Tu vois donc ma robe noire.

Guzman.

Vraiment, mon compère, voire ;
Vraiment, mon compère, oui.

D. Fernand.

Air : *A la façon de Barbari*.

Comment donc en si peu de temps
Cela s'est-il pu faire ?
Mon ami, tout-à-l'heure aux gens
Vous disiez le contraire.
Vous nous en vantiez la façon ;

Le Faux-Prodige

GUZMAN.

La faridondaine, la faridondon.

D. FERNAND.

Ton œil en étoit ébloui....

GUZMAN.

Biribi.
A la façon de barbari,
Mon ami.

Air : *Que faites-vous, Marguerite ?*

Tout çà n'étoit que des fables !
J'ai vu la robe d'abord,
Plus noire que tous les Diables,
Comme je la vois encor.

D. FERNAND.

Air : *Que Dieu benisse la besogne !*

Et pourquoi donc me faisois-tu
Le faux rapport qui m'a perdu ?

GUZMAN.

Oh ! demandez-le à mes semblables !
Tous vilains cas sont reniables.

D. P[È]DRE,[1] *à D. Fernand.*

Que vous ai-je dit ?

OLIVETTE, *montrant les poings.*

Par la jarnidienne ! si j'avois la force, comme j'ai le courage....

D. PÈDRE.

Patience, m'Amie. (*à Guzman*) Et n'as-tu pas parlé de la robe à quelqu'un ?

---

[1] Rigoley : « D. PEDRE, *à* ».

GUZMAN.

A qui a voulu m'entendre. J'étois bien aise, moi, que mes voisins eussent part au gâteau.

D. PÈDRE, *à D. Fernand.*

Air : *Des fraises.*

Commencez-vous donc, Seigneur,
Maintenant à comprendre,
Que la robe est une erreur,
Et votre homme un imposteur ?

OLIVETTE.

A pendre ! à pendre ! à pendre.

SCÈNE XII.

D. FERNAND, D. PÈDRE, ELVIRE, ISABELLE, LÉANDRE, GUZMAN, OLIVETTE.

D. FERNAND, *tout ému, à Léandre.*

Seigneur Léandre, dites-moi, avez-vous une sœur ?

LÉANDRE.

Pourquoi me demandez-vous cela ?

D. FERNAND.

Répondez, de grâce ; avez-vous une sœur ?

LÉANDRE.

Oui. Ma mère, depuis dix[1] ans que j'étois fils unique, s'est avisée de m'en donner une, il y a cinq ou six mois, qui est en nourrice.

GUZMAN.

En nourrice ! Ah, pardi ! peut-être que celle-là sera pucelle.

D. FERNAND, *plus ému.*

Et comment trouvez-vous ma robe ?

---

[1] Erreur apparente : on doit supposer que Léandre est censé avoir plus de dix ans et demi.

LE FAUX-PRODIGE

LÉANDRE.

Quelles questions sont-ce là ?

D. FERNAND.

J'ai de fortes raisons pour vous les faire. De quelle couleur voyez-vous ma robe ?

LÉANDRE, *d'un air étonné & naïf.*

Noire.

D. FERNAND, *avec un geste de désespoir.*

Noire ! Ah, je suis trompé !

GUZMAN, *avec un transport de joie.*

Et moi aussi !

D. FERNAND.

Je suis trahi !

GUZMAN.

Et moi, non ! Touche-là, Olivette ; sans rancune !

D. FERNAND, *à D. Pèdre.*

Pardonnez-moi, mon cher D. Pèdre, en faveur d'Elvire, l'offense que j'ai pu vous faire en tout ceci. (*à Isabelle*)

Air : *Le Seigneur Turc a raison.*

Je me suis bien attiré
La douleur mortelle
Dont je me sens déchiré ;
J'ai pu vous croire infidelle ;
Je porte, au fond des déserts,
Mes pleurs, ma honte & mes fers.
Adieu, chère Isabelle !

(*il s'en va*).

ALEXIS PIRON

SCÈNE XIII.

D. PÈDRE, LÉANDRE, ELVIRE, ISABELLE, OLIVETTE, GUZMAN.

GUZMAN, *sur le ton des derniers vers.*

Et moi, ma poulette, & moi,
Nud-pieds pour l'amour de toi,
J'irois aux Dardanelles.[1]

OLIVETTE.

Air : *Je n'saurois.*

Tu mériterois, infâme,
Que tes soupçons fussent vrais ;
Sans encourir aucun blâme,
Je pourrois maintenant.... mais
Je n'saurois
Je suis trop honnête femme,
J'en mourrois.

D. PÈDRE, *à la compagnie.*

Oh ça, tout ceci vous passe, je vais.....

LÉANDRE, *l'interrompant.*

Non. Je viens de les mettre au fait. Et puisque mon alliance ne vous déplaît pas, excusez un Amant, qui n'a fait, dans son désespoir, que se prêter à ce qu'on faisoit pour lui. D. Balivernos est mon valet.....

---

[1] Le détroit des Dardanelles sépare l'Europe de l'Asie, et marquait une sorte de limite symbolique du monde familier. Il s'agit donc d'une manière de dire « très loin », ou même « aussi loin que possible ».

LE FAUX-PRODIGE

SCÈNE XIV.

TOUS LES ACTEURS de la Scène précédente. ARLEQUIN *poursuivi, & bâtonné par une troupe de femmes.*

UNE FEMME.

Air : *Dérouillons, dérouillons, ma Commère.*

Vergetons, vergetons, ma commère,
Vergetons, vergetons ses habits.

UNE AUTRE FEMME.

Avec sa robe il avoit mis.....

TOUTES ENSEMBLE.

Vergetons, vergetons ses habits.

SCÈNE XV & dernière.

D. PÈDRE, D. FERNAND, LÉANDRE, ISABELLE, ELVIRE, OLIVETTE, GUZMAN, ARLEQUIN.

ARLEQUIN, *faisant une profonde révérence à la compagnie.*

LÉANDRE.

Que veut dire cela ? Arlequin.

ARLEQUIN.

Ce sont des députés du beau Sexe, qui m'envoie faire le petit remerciment que vous venez de voir. (*Il déclame en vers*).

La robe qu'à Creüse offrit jadis Médée,
Causa moins de fracas, dans Corinthe embrasée,
Que ma robe indiscrette en alloit faire ici.[1]
Des femmes, en fureur, j'étois à la merci ;

---

[1] Après le vol de la Toison d'Or, Jason et Médée se refugient à Corinthe, où Jason abandonne sa compagne pour Créuse, fille du roi Créon. Pour se venger, Médée offre à Créuse une robe qui lui brûle le corps, provoquant aussi l'incendie de la ville.

Et j'en voyois sur moi déjà fondre une armée,
Quand peu jaloux du sort du malheureux Orphée,[1]

Air : *Quand Iris prend plaisir à boire.*

J'ai calmé leur inquiétude,
En avouant ma turpitude,
Et que le prodige étoit faux.
Après avoir bien ri de l'imposture ;
Des coups de bâton sur le dos
Du pauvre Dom Balivernos,
Ont terminé (*bis*) son aventure.[2]

OLIVETTE.

Air : *Gnia pas d'mal à ça.*

Le mien, double traitre,
Souffre de cela.

GUZMAN.

Vous deviez bien mettre
Chez nous le hola.

ARLEQUIN.

Bon, bon ! que sait-on, mon ami ; peut-être que dans le fonds,
Gnia pas d'mal à ça,
Gnia pas d'mal à ça ?

OLIVETTE.

Taisez-vous Dom Balivernos : ou je pourrois bien être une Députée du beau Sexe, pour vous faire encore un remerciement.

(*L'on entend un grand bruit d'instrumens*).

---

[1] Orphée fut déchiré par les Bacchantes.

[2] La tentative d'Arlequin de donner à la fin de son histoire un ton tragique, créé par les alexandrins et les allusions classiques, ne peut pas résister à la force de la comédie, et se transforme donc dans le style typique de l'opéra-comique et la description d'un sort tout à fait comique.

LE FAUX-PRODIGE

D. PÈDRE.

C'est le divertissement que je m'étois chargé de tenir prêt. Il n'en est pas moins de saison ; & rien ne nous empêche d'en profiter.

Entrée de quatre nations différentes ; un François, un Espagnol, un Turc, un Suisse, avec une Femme de chaque nation.

UNE FRANÇOISE *chante.*

La jalousie
Est une frénésie,
Dont l'amour peut aimer l'éclat.
Mais dans les nœuds d'hymen, elle est insupportable ;
Ce qui rend l'amant délicat,
Fait le mari déraisonnable.
(*La danse reprend*).

VAUDEVILLE.[1]

Pauvre Mari, l'astre malin
Influera, s'il veut, sur ta tête ;
Toute ta vigilance en vain
Voudroit conjurer la tempête :
Le plus sûr est de filer doux,
Gâre, gâre, gâre les jaloux !
(*Le Chœur répète*).

Une Femme est prompte à former
Le plan d'une douce vengeance :
Plus elle a donc de quoi charmer,
Plus on lui doit de confiance.
Le plus sûr est de filer doux,
Gâre, gâre, gâre les jaloux !
(*Le Chœur répète*).

---

[1] Dans le même sens modifié du mot que nous avons trouvé à la fin de *L'Antre de Trophonius*.

Alexis Piron

L'Espagnol près de sa Moitié,
Entretient une Sœur Écoute ;[1]
Qu'en arrive-t-il ? Sans pitié,
On lui donne ce qu'il redoute ;
Le plus sûr est de filer doux,
Gâre, gâre, gâre les jaloux !
  (*Le Chœur répète*).

Les Suisses, près de leurs flacons,[2]
Sur ce point là, rarement grondent ;
Delà vient que, dans leurs cantons,
Moins qu'ici les cornes abondent.
Le plus sûr est de filer doux,
Gâre, gâre, gâre les jaloux !
  (*Le Chœur répète*).

Au fond du serrail d'un Sultan
La jalousie est en retraite ;
Delà vient que sur son turban,
L'on voit une si belle aigrette.[3]
Le plus sûr est de filer doux,
Gâre, gâre, gâre les jaloux !
  (*Le Chœur répète*).

Visitez, Maris ombrageux,
La France, le pays des modes ;
Loin d'y voir des Maris fâcheux,
Vous en trouverez de commodes ;
Le plus sûr est de filer doux,
Gâre, gâre, gâre les jaloux !
  (*Le Chœur répète*).

---

[1] Une religieuse servant de chaperon.

[2] Dans la comédie, les Suisses ont la réputation d'être ivrognes.

[3] Comme ci-dessus, autre symbole des cornes du cocu.

LE FAUX-PRODIGE

ARLEQUIN, *au Parterre.*[1]

Messieurs, s'il faut que par malheur,
Ceci ne vous amuse guères ;
Sait-on qui rira de bon cœur ?
Les Italiens nos Confrères.[2]
Mais si vous accourez chez nous,
Gâre, gâre, gâre les jaloux !
(Le Chœur répète).

FIN.

---

[1] Bien que les autres formes d'adresse au public soient plutôt rares dans l'opéra-comique (voir ci-dessus), on trouve assez fréquemment cette technique de tourner le dernier couplet du vaudeville final vers le parterre, version moderne du *Plaudite* de la comédie classique.

[2] C'est-à-dire le Théâtre Italien.

Bibliographie sélective

Castagno, Paul C., *The Early Commedia Dell'Arte, 1550-1621 : The Mannerist Context* (New York : Peter Lang, 1994)

Connon, Derek, *Identity and Transformation in the Plays of Alexis Piron* (London : Legenda, 2007)

– « Music in the Parisian Fair theatres : medium or message ? », dans le *Journal for Eighteenth-Century Studies*, 31 (2008), 119-35

– « Scène et salle dans le théâtre forain », dans *Scène, salle et coulisse au XVIIIe siècle*, éd. Pierre Frantz et Thomas Wynn (Paris : PUPS, 2011), p. 59-68

Connon, Derek et George Evans (éd.), *Anthologie de pièces du « Théâtre de la Foire »* (Egham : Runnymede, 1996)

Duchartre, Pierre Louis, *La Comédie Italienne : l'improvisation, les canevas, vies, caractères, portraits, masques des illustres personnages de la commedia dell'arte* (Paris : Librairie de France, 1924)

Isherwood, Robert M., *Farce and Fantasy* (Oxford : Oxford University Press, 1986)

Jonard, Norbert, *La Commedia dell'arte* (Lyon : Hermès, 1982)

Lesage, Alain-René, Jacques-Philippe d'Orneval [et Denis Carolet], *Le Théâtre de la Foire ; ou, L'Opéra comique*, 10 vol (Paris : Étienne Ganeau, Pierre Gandouin, Prault fils, 1721-37)

Martin, Isabelle, *Le Théâtre de la Foire : des tréteaux aux boulevards*, SVEC, 2002 : 10 (Oxford : Voltaire Foundation, 2002)

[Parfaict frères], *Mémoires pour servir à l'histoire des spectacles de la foire. Par un acteur forain*, 2 vol. (Paris : Briasson, 1743)

Piron, Alexis, *La Rose* (Bruxelles : s. n., 1744)

– *Le Fâcheux Veuvage*, éd. Derek Connon (Liverpool : Liverpool Online Series, 2008), <http://www.liv.ac.uk/soclas/los/Piron.pdf>

– *Œuvres complettes d'Alexis Piron*, éd. Rigoley de Juvigny, 7 vol (Paris : Lambert, 1776)

Robinson, Philip, « Les vaudevilles : un médium théâtral », dans *Dix-huitième siècle*, 28 (1996), 431-47

Rubellin, Françoise, « Lesage parodiste », dans *Lesage, écrivain (1695-1735)*, éd. Jacques Wagner, Faux Titre, 128 (Amsterdam, Atlanta : Rodopi, 1997), p. 95-123

Scott, Virginia, *The Commedia dell'Arte in Paris, 1644-1697* (Charlottesville : University Press of Virginia, 1990)
Venard, Michèle, *La Foire entre en scène* (Paris : Librairie Théâtrale, 1985)
Verèb, Pascale, *Alexis Piron, poète*, Studies on Voltaire and the Eighteenth Century, 349 (Oxford : Voltaire Foundation, 1997)

MHRA Critical Texts

Phoenix

Phoenix is a series dedicated to eighteenth-century French drama. With a particular attention to performance history and the audience's experience, these editions make accessible to students and scholars alike a range of plays that testify to the diversity and vibrancy of that period's theatre. Phoenix is a joint project between the Université de Paris-Sorbonne and Durham University.

Phoenix est une collection consacrée au théâtre français du dix-huitième siècle. Ses publications portent une attention particulière à l'histoire des représentations et à la place du spectateur. Elles mettent à la disposition des étudiants comme des spécialistes un ensemble de pièces qui témoignent de la variété et du dynamisme de la scène théâtrale de l'époque. Phoenix est le résultat d'une collaboration entre l'Université de Paris-Sorbonne et l'Université de Durham.

www.phoenix.mhra.org.uk

www.ingramcontent.com/pod-product-compliance
Lightning Source LLC
Chambersburg PA
CBHW071511150426
43191CB00009B/1479